德到未来

构建幸福学校的实践探索

李 文 / 著

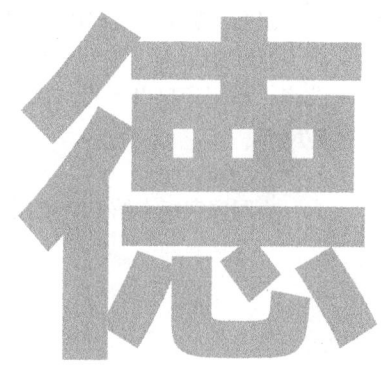

知识产权出版社
全国百佳图书出版单位
—北京—

图书在版编目（CIP）数据

"德"到未来：构建幸福学校的实践探索 / 李文著.
北京：知识产权出版社，2025.3. -- ISBN 978-7-5130-9761-1

Ⅰ.G637

中国国家版本馆 CIP 数据核字第 20259ZR417 号

责任编辑：张水华　　　　　　责任校对：谷　洋
封面设计：商　宓　　　　　　责任印制：孙婷婷

"德"到未来
——构建幸福学校的实践探索

李　文　著

出版发行：	知识产权出版社有限责任公司	网　　址：	http://www.ipph.cn
社　　址：	北京市海淀区气象路 50 号院	邮　　编：	100081
责编电话：	010-82000860 转 8389	责编邮箱：	46816202@qq.com
发行电话：	010-82000860 转 8101/8102	发行传真：	010-82000893/82005070/82000270
印　　刷：	北京中献拓方科技发展有限公司	经　　销：	新华书店、各大网上书店及相关专业书店
开　　本：	720mm×1000mm 1/16	印　　张：	12.5
版　　次：	2025 年 3 月第 1 版	印　　次：	2025 年 3 月第 1 次印刷
字　　数：	180 千字	定　　价：	89.00 元

ISBN 978-7-5130-9761-1

出版权专有　　侵权必究
如有印装质量问题，本社负责调换。

教育语录

1. 要为成功想办法，不为失败找理由。

2. 思想决定方法。

3. 教育学就是关系学（好的关系才有好的教育）。

4. 关系，从发现和欣赏开始。

5. 让学生爱上我们，爱上我们的老师，进而爱上我们的学校、班级和课堂（热爱的力量）。

6. 希望什么就说什么（学会发现和欣赏，老师用语言赋能）。

7. 创造善良（感恩）的机会，他会有更多的善良（感恩）。

8. 学生能做的"交"给学生做；学生不能做的，想办法也要"交"给学生做。

9. 我是最后一道岗（站好最后一道岗）。

10. 我的课堂我负责（站稳课堂）。

11. 教师要学会"退居"二线（学生是班级和课堂的主体）。

12. 老师要创造机会，让每位学生都有获得鼓励和奖励的机会。

13. 管理到最后是价值观的管理。

14. 摸着石头过河，先开枪后瞄准。

15. 干部要把学校的未来发展作为自己的责任和使命，做好部门第一责任人。

16. 要按时完成任务，如果无法按时完成，一定要第一时间告诉您的主管领导。

17. 可以表达情绪，但不要有情绪的表达。

18. 常规工作，做到极致，就是专家。

19. 摆平就是水平。

20. 落实是一种能力。

21. 常规工作不常规（创新）。

22. 每个困难背后都藏着一个惊喜。

23. 人在一起叫聚合，心在一起叫团队：我们是团队。

24. 每位老师都是富矿、宝藏。

25. 做最好的自己，做自己的CEO（自主发展）。

26. 让老师一次次尝试成功。

27. 没有优秀的个人，只有优秀的团队。

28. 让适合的人去做合适的事。

29. 让决策在知情人那里得到决策。

30. 我爱我校，幸福学校的建设需要每个人的付出。

前言 | PREFACE

凭砥砺奋进之力　书幸福校园华章

在悠悠的教育长河中，每一所学校皆宛如一颗独特的星辰，承载着专属的使命与绮梦，勾勒出独属于自己的绚丽篇章。北京交通大学附属中学第二分校，自1964年建校伊始，便毅然踏上了一条满溢着挑战与希望的教育探索漫道。六十春秋，风雨兼程，全校师生携手并肩，以汗水作墨，用智慧为笔，镌刻下学校的璀璨辉煌，其校史恰似一部气势恢宏的奋斗史诗，淋漓尽致地展现出不断探寻、持续奋进的坚毅精神。

奠基发展：艰苦拼搏，铸就辉煌（1964—2006年）

1964年，在时代的热切呼唤下，原北京市第105中学（现北京交通大学附属中学第二分校）应运而生。彼时，物质条件匮乏，办学环境艰苦，但学校以"团结、拼搏、求实、创新"为校训，这八字箴言犹如熠熠生辉的灯塔，在黑暗中为师生们照亮前行的道路，指引着他们砥砺奋进。在这长达四十余载的奠基岁月里，全校师生以无畏的勇气和顽强的毅力，在教育的沃土里深耕细作。课堂上，教师们倾囊相授，用渊博的知识和无尽的耐心，精心浇灌每一株幼苗；学生们则如饥似渴地汲取知识养分，在书海之中奋力遨游。尽管条件艰苦，但师生们凭借着对教育的赤诚热爱和对梦想的执着追求，取得了一系列令人瞩目的成就，为学校的长远发展筑牢了根基。这段艰苦卓绝的拼搏历程，不仅是学校发展的坚实基石，更是师生们心中永不磨灭的珍贵记忆，见证了他们为梦想挥洒青春、奋力拼搏的热血年华。

特色发展：明确方向，至微至显（2006—2015年）

时代的车轮滚滚向前，教育领域也迎来了新的机遇与挑战。自2006年起，学校步入特色发展的崭新阶段。在此期间，学校高瞻远瞩，敏锐洞察时代发展脉搏与自身发展需求，开始有条不紊地明确发展方向，精心细化各项工作，矢志不渝地追求"至微至显，善作善成"的教育目标。学校深度探寻教育教学的全新模式，紧密结合学生的个性特点与多元需求，精心研发出一系列特色鲜明的课程与行之有效的教学方法。教师们积极投身教学改革的浪潮，勇于创新教学手段，高度重视培养学生的综合素质与个性特长。从课程体系的精心架构到教学管理的精细打磨，从师资队伍的强化建设到校园文化的用心营造，学校力求把每一项工作都做到尽善尽美。这一阶段的不懈努力，让学校逐步形成了别具一格的教育风格与办学特色。

整体提升：把握机遇，书幸福华章（2015年5月起）

2015年5月，无疑是一个具有划时代意义的关键时刻，学校迎来了教育发展的契机，加入北京交通大学附属中学教育集团，并正式更名为北京交通大学附属中学第二分校（后文称此过程为融合）。这一重大转变，恰似为学校插上了腾飞的翅膀，搭乘上综合教育改革的高速列车，开启了整体提升的全新征程。

学校迅速确立了"文化立校、科研强校"的发展战略，将建一所富有生命动力的幸福学校作为办学目标。从精神层面引领师生共同成长，成为学校坚定不移的教育路径。为了实现这一宏伟蓝图，全校师生心往一处想，劲往一处使，齐心协力共谋发展，奏响了学校发展的激昂四部曲：达成共识与价值追求，让每一名师生都清晰明确学校的发展方向与自身肩负的责任；结构调整与双向聘任，优化学校的管理架构与师资队伍，激发团队的无限活力；科研引领与制度保障，为学校的稳健发展提供坚实的理论支撑与完善的制度保障；课程建设与特色形成，精心打造丰富多彩、独具匠心的课程体系，充分满足学生多样化的学习需求。

在精心构建幸福学校进程中，师生们并肩携手，共同走过了一段段刻骨铭心的旅程，留下无数难以磨灭的珍贵瞬间。当收获优异成绩，沐浴于顺境的暖阳之下，全体师生沉浸在成功的喜悦之中，尽情品味着幸福的甘甜；而在遭遇挫折失败、直面困难的狂风骤雨时，大家彼此心手相牵，相互扶持，不离不弃，以无畏的勇气和坚定的信念，携手迎难而上，并在这一过程中，深刻领悟到成长所蕴含的幸福真谛。

在持续探索的道路上，全校师生秉持创新精神，不断大胆尝试，积极探寻学校发展提升的关键"着力点"。基于此，《北京交通大学附属中学第二分校行动纲要》（简称《纲要》）应运而生。这部《纲要》在悉心传承学校原有深厚文化底蕴与核心价值观的基础上，着眼于学校工作的各个主要领域，精准明确师生员工的行为准则。它犹如一座明亮的灯塔，为构建科学合理的学校运行机制、高效开展教育教学工作以及助力学校全方位的发展，提供了清晰且有力的引领。

如今，学校的发展道路上繁花似锦，处处洋溢着幸福与希望的气息。

回首北京交通大学附属中学第二分校的发展历程，我们看到的是一部波澜壮阔、永不止步的探索成长史，更是一部璀璨夺目、底蕴深厚的文化兴校史。展望未来，坚信学校将一如既往地传承优良传统，不断开拓创新，为培育更多德才兼备的优秀人才、为推动教育事业的蓬勃发展贡献磅礴力量。它必将如同一颗耀眼的明星，在教育的浩瀚苍穹中绽放出更加璀璨夺目的光芒。

李 文

2024年7月

目录 CONTENTS

第1章　天问/幸福学校的理念设计 …………………………………… **001**
  1.1　源起/开启爱的天窗 / 001
  1.2　裂变/多维度的链式反应 / 005
  1.3　内涵/求索·幸福 / 010

第2章　道寻/明道心安　校长领导力 …………………………………… **016**
  2.1　调研/找准问题筑基 / 016
  2.2　幸福/学校文化建设架构 / 021
  2.3　修身/校园幸福的把握 / 025
  2.4　赋能/推动中的启智润心 / 034

第3章　存志/心中拥有梦想 …………………………………… **039**
  3.1　素养/建设教师文化 / 039
  3.2　能力/改进选聘机制 / 043
  3.3　提升/把梦想变成美好 / 046
  3.4　制度/从美好走向美好 / 051
  3.5　研修/破融难题　成就精彩 / 060

第4章　仁爱/构建特色课程实例 …………………………………… **065**
  4.1　多元/课程评价模式的创新 / 065

4.2 互动/缤纷炫彩的学生节 / 072

4.3 唯德/雷锋讲堂 向榜样看齐 / 085

4.4 竞选/班级职务招聘会"我的生涯我做主" / 095

4.5 出彩/"社"彩缤纷 团聚青春 / 106

4.6 心理/抚心课程 护航学子健康成长 / 116

第 5 章 温情/营造快乐舒适的氛围 …… 123

5.1 倾听/听懂学生的心声 / 123

5.2 爱护/安全快乐的港湾 / 127

5.3 陪伴/幸福成长的美好 / 131

第 6 章 传递/家校合作 传承温暖 …… 144

6.1 纽带/构建与家长的共识桥梁 / 144

6.2 璧合/呼唤家长加入教育行列 / 149

6.3 评估/衡量家校合作育人之法 / 153

6.4 改变/教育创新铺就美好之路 / 160

第 7 章 解锁/幸福有道 …… 164

7.1 自主管理：开启成长的幸福密钥 / 166

7.2 温暖感恩：解锁心灵的幸福密码 / 170

7.3 探索突破：扭开幸福的关键密匙 / 174

7.4 家校携手：巧解幸福的梦想密锁 / 179

参考文献 …… 186

后记 以"德"为翼，奔赴未来 …… 187

第1章 天问/幸福学校的理念设计

1.1 源起/开启爱的天窗

2014年6月,联合国教科文组织发布幸福学校计划,向全球的教育体系发出呼吁,倡议转变单纯以学习成绩为核心的评估机制,鼓励并培养孩子们追求幸福、实现幸福的观念与能力。该计划强调,教育不仅要传授知识,更要教导学生如何做人、做事,以及如何与他人和谐共处、与自然共生共荣。联合国可持续发展目标也在多个项目目标中大力倡导人类幸福,而教育与学习则被视为实现这一目标的根本途径。

教育,究其本质,是爱的传递,爱是幸福的源头活水。幸福教育,作为一种以培养学生感知幸福、创造幸福、享受幸福的能力为核心的教育理念,在教育领域持续发展与探索的进程中,吸引了众多教育工作者、学者以及学校管理者的目光,成为他们共同关注与深入思考的结晶。随着对教育本质和目标理解的不断深化,越来越多的人认识到,学校不应仅仅是知识的传授场所,更要高度重视学生的身心健康与幸福感,"幸福学校"这一理念也应运而生。在实践过程中,不同学校和教育者不断丰富和完善这一理念，努力为学生打造更幸福、有益的学习环境，以促进学生的身心健康、个性发展和社会适应能力。

教育，是一个国家和民族发展的重要基石，正所谓"教育兴则国家兴，教育强则国家强"。党的十八大以来，习近平总书记围绕"培养社会主义建设者和接班人"这一核心，发表了一系列重要论述。为谁培养人、培养什么人、怎样培养人，这三个问题构成了教育的"根本问题"。为谁培养人？这是信仰之问，它回答的是教育的方向与性质。教育乃国之大计、党之大计，"为党育人，为国育才"清晰地指明了教育的方向，明确了德育的重要使命。教育需站在党和国家事业发展全局的高度，坚守为党育人、为国育才的初心，将立德树人融入德育系统的构建与行动研究中，发挥培根铸魂、启智润心的作用。培养什么人？这是担当之问，其回答的是教育的目标与任务。培养什么样的人，是教育面临的首要问题。我国是由中国共产党领导的社会主义国家，我们的教育必须将培养社会主义建设者和接班人作为根本任务，培育一代又一代为中国特色社会主义事业奋斗终身的有用人才，造就"有理想、有本领、有担当"的时代新人，增强中国人的志气、骨气和底气。怎样培养人？这是能力之问，它回答的是教育的途径与方法。培养人应以立德为根本，以树人为核心。要坚持把立德树人的成效作为检验学校一切工作的根本标准，切实做到以文化人、以德育人；要坚持五育（德智体美劳）并举，构建全员、全程、全方位育人机制；要以培养学生的核心素养为导向，明确育人途径，注重必备品格和关键能力的培育；要持之以恒地培育和弘扬社会主义核心价值观，引导广大学生成为社会主义核心价值观的坚定信仰者、积极传播者和忠实践行者。

学校始终坚持"育人为本，德育为先"的工作方针，遵循相关指导思想，坚守基本原则，明确德育目标，丰富德育内容，梳理途径要求，细化组织实施的各项规定，致力于构建并落实学校德育课程。当代著名教育学家顾明远认为，教育的本质在于提高人的生命质量和生命价值。学生通过接受教育，获得文化知识，进而能够过上有尊严、幸福的生活。

办一所幸福学校的理念，源于对教育目标的重新审视。在现代社会，人们愈发清晰地认识到，教育不仅是知识与技能的传授过程，更应是助力学生全面发展、追求幸福人生的过程。幸福学校作为一种新兴的教育理念，正逐渐受到广泛关注与高度重视。创建一所幸福学校，既是顺应新时代教育发展的需求，也是源自教育核心主体的内在要求。

笔者所在的学校，多年来始终在努力践行幸福教育理念。

该校始建于1964年，历经60余载的发展，走过了三个重要阶段，每个阶段都紧密契合时代发展与教育需求的脉搏。

第一阶段为奠基发展阶段（1964—2006年）。这一时期，学校重点关注做事态度，突出一个"实"字。1964年，学校以"团结、拼搏、求实、创新"为校训，在艰苦条件下建校，奠定了学校发展的坚实基础。学校秉持"以人为本，以促进学生全面和谐发展为本"的办学理念，确立了建设学生喜爱、家长信任、社会认可学校的办学目标。在此阶段，全体教师团结协作、稳健务实，立足学情，不抱怨学生基础薄弱，积极探索教育教学方法，将一批又一批入学时成绩不理想的学生成功送入高等学府。学校逐步形成了稳健务实、民主宽松、团结奉献、创新进取的办学风格，营造出民主自由的学术氛围，打造了人和、气顺、心齐的工作环境。干群之间、教职员工之间、师生之间关系和谐融洽，这种充满人文关怀的环境所凝聚的强大力量，成为学校不断发展前行的重要动力源泉。

第二阶段是特色发展阶段（2006—2015年）。此阶段，学校着重关注细节，强调一个"精"字。2006年上半年，面对生源减少、示范校扩招等严峻形势，学校保持一贯的务实作风，在确保增值率稳中有升的前提下，立足自身实际，将校训调整为"至微至显，善作善成"。鉴于学校基础相对薄弱的校情，学校未来发展不能依赖跨越式甚至投机性的模式，而必须聚焦基础与细节，注重积累。于是，学校将办学目标定位为办一所学生喜爱、家长满意、社会认可的"平民学校"。在这一阶段，学校的金马民乐团、业余拳击队成绩斐然；课堂评价系统的应用得到专家的一致认可；班主任心理咨询师工程为学校的教育教学注入了新的思路与活力，也为学校打造心理咨询特色奠定了基础，在教育领域独树一帜。

第三阶段是整体提升阶段。2015年5月，根据海淀区教育发展布局调整的要求，原北京市第105中学由北京交通大学附属中学教育集团（简称交大附中）承办，并更名为北京交通大学附属中学第二分校（简称第二分校）。根据交大附中的办学理念和办学目标，由此"幸福"一词融入了第二分校的发展脉络。这一阶段，学校聚焦人的发展，追求人的"幸福"发展。

围绕"幸福"这一核心，全校师生在2015—2016年这一学年的时间里，持续开展学习、调研、访谈等活动，深入挖掘学校的发展历史。从现代积极心理学的幸福大厦理论中，师生们了解影响幸福的五个元素为积极情绪、投入、人际关系、意义和成就。基于此，学校秉持"学生在成长中体验快乐，教师在成功中体验幸福"的办学理念，积极推进幸福课程建设，促进学生多元化、个性化发展；大力开展幸福课堂建设，努力实现"三有八字"（三有：有趣、有参与、有成就；八字：自主、互助、质疑、探究）的师生生命互动课堂；积极推动幸福班级建设，营造自主、特色的班级文化氛围；着力加强幸福环境建设，打造温馨、宜人、融洽的育人环境。最终，学校开发了《学校发展校本培训手册》，在全校教师自上而下与自下而上的深入研讨中，在充分尊重原有学校文化的基础上达成共识，确定了"在自主互助中形成学生快乐、教师幸福的学校文化"的发展愿景，明确了"在稳定中寻求变化，在规范中谋求发展"的工作思路以及"主题发展、整体推进"的工作策略。学校通过需求调研确定了发展的生长点，推动学校在核心素养、课程改革、评价机制、多元录取和个性发展等方面实现整体提升，做到师生"人人有状态，人人有目标"。在落实课程整体育人功能的同时,充分发挥课程在人才培养中的核心作用,高度关注每一个学生的身心健康及学业水平的提升。通过打造富有生命动力的幸福学校,让每一个学生都能在学习之路上找到属于自己的快乐与价值。

办一所幸福学校,是教师们对社会和谐与进步的独特贡献。一个国家和社会的繁荣昌盛,离不开高素质人才的培养。幸福学校所培养的学生,不仅具备扎实的专业知识,更拥有健康的心理和良好的人际交往能力。这样的人才,能够更好地融入社会,为社会的和谐与进步贡献力量。

幸福学校能够充分满足学生对自我成长的追求。学校提出"为学生创造更多的机会,助学生成为最好的自己"的学生观,正是基于学生的成长特点,关注学生的个性发展与全面发展,积极引导学生提升自身的学习力、创新力和主导力,让学生在宽松自由的环境中不断探索。如此一来,每一个学生都能在成长过程中收获更多的快乐与成功,赢得成就感与价值感,从而有效提升学生的幸福感。

随着积极心理学的蓬勃发展,人们开始更加关注人的积极品质与潜能,这为幸福学校的建设提供了全新的视角。幸福学校不仅重视学生的学业成绩,更关注学生的心理健康、人格发展和生活幸福感。它致力于营造一个充满关爱、尊重、理解与支持的学习环境,让每一个学生都能在其中感受到幸福,实现自我成长与价值追求。

1.2 裂变/多维度的链式反应

过往是美好的篇章,犹如一场接力赛,如今这一棒传到了我们手中,新征程已开启,只有面向未来、赢得未来,才不负信任、不负期望,才无愧于自己的职责和使命。

两校融合是一项艰巨而复杂的任务。这涉及多方面的因素，包括办学理念、学校文化、组织结构、制度建设、校园环境、师资队伍、教育教学资源、课程建设、招生等，均需要全面考虑、精心组织、积极推进，才能实现融合，进而创造新的辉煌。

在两校融合之初，经过观察、访谈、调研等，我们清晰地认识到学校正处在一个迫切需要变革的关键时期。现有的育人模式和教育资源已经无法满足日益增长的学生需求和社会发展，学校需要寻求新的发展方向和创新路径。在关键时期，需要充分考虑学校当下的实际情况和特点，与全体干部和教师一起凝心聚力、共谋发展。

两校融合之际，教师、学生、家长既有忧虑，也有希冀。忧虑学校未来的同时，希冀学校能够抓住契机加快发展速度。

两校融合之初，学校的硬件问题制约了整体运行和发展（电脑、网络、图书、食堂、楼内卫生间等）。硬件设施是学校教学、科研、管理以及师生生活的基本保障，直接影响学校的教育质量、学术水平和师生的满意度。

融合，意味着新的开始。

硬件问题相对容易解决，也是能让师生们最快感受到的。2015年暑假，学校修缮了教学楼，师生们再也不用为去卫生间发愁了；更新了学校的电脑设备，极大改善了教师们的授课环境；新增了学校食堂，解决了师生们吃饭难的问题。随着学校硬件设备设施的改善和更新、办学环境的改善，师生们对未来充满了期待。

两校融合之前，校内外的教育教学活动相对较少，为拓宽视野、增加教师的学习机会，学校采取"走出去、请进来"的工作方式，双管齐下，不仅派教师前往优秀校区参观学习，也不断邀请其他学校的领导和教师来校开展交流活动。融合后的两个月，他校教师来校参观交流后，对学校教育教学给予了高度认可和评价，这样的教育教学活动激活了教师们的自信心——我们行。

两校融合之后,通过头脑风暴、SWOT分析法等工具,形成共同的价值追求,确立了"文化立校、科研强校"发展战略。要破局,就要抓真问题、核心问题,有的放矢,方能凸显成效。融合之初,通过第三方调研(走近教师、学生和家长,找到真问题),发现学校的课题研究少,骨干教师数量不多,教师老龄化问题严重;教师们热爱这所学校,多年没有教师调出;教师们极度渴望成长进步,但由于机会和平台少,成长缓慢……于是,校长申请立项了区级重点课题《集团化背景下学校整体改进的实践研究》,带领大家开展区级、校级课题的申报活动,提出"人人有项目"的成长路径。

采取"主题发展,整体推进"的工作策略,每个阶段解决一个主题问题。第一个阶段瞄准了教师的成长,学校为教师们搭建发展平台,开展多样化的教师培训,组织开展多种教育教学活动等,不断完善教师发展机制,制定《幸福教师发展五年规划》,助力教师们的专业成长和职业发展。教师们在"项目制+专业化"的工作指引下,日渐成长,信心倍增,幸福感日益增强。之后的教师发展年(幸福教师)、课堂高效年(幸福课堂)、课程建设年(幸福课程)、学生成长年(幸福学生)在三年规划中,整体推进。

调研中发现学生单纯、朴实,怀揣着强烈向上、向好之心,但部分学生学业基础薄弱、不扎实,表现为对自己要求不高,很容易放弃,成就感、自信心严重缺失。回看学校的教育活动,如升旗仪式,流程、内容都由教师们策划,主持人也是由教师担任,学生只是出席了一下升旗仪式,配合活动做一些动作;学校的广播室由教师管理,广播内容由教师来定,学生只是一个听众;课堂上、班级中……在这种管理模式下,教师就成为教育的主体,而非学生。在这样的管理模式中,学生的参与感极低,自信心、成就感、价值感从何而来?教师如何成长?学校如何发展?

怎么办?思想决定行动。

首先，明确目标。基于学校的育人目标"做一名知书达理内外兼修的阳光学子"，进行目标分解。其次，清晰学生观。基于当时现状，学校研究决定将"把学生放在最中央的位置"的理念贯穿教育教学活动始终。最后，概括为一句耳熟能详的教育观点："学生能做的，让学生做；学生不能做的，想办法也让学生做（体验）。"以上三点打开了一直封闭干部、教师们教育思维的大门。学校各项工作都从以上三点出发、思考，相信学生、信任学生的教育生态慢慢呈现出来。

教师们从开始的担心、尝试到信任、放手，慢慢摸索出教育的"门道"。

最初，部分教师担心广播室仪器交给学生管理，会造成设备的损坏；认为由学生广播，无法管控广播内容，进而可能会造成不好的影响。当然，这些担忧也不无道理。对此，教师们一起交流研讨，一起理解学生观：能否成立广播社团？能否招募仪器负责人和广播负责人？能否对招募的人员开展相关的培训，让他们掌握设备的使用办法？能否将社团纳入团委的管辖范围，在团委教师的指导下，规划广播的时间、内容等事宜，让广播真正成为"学生之声"？这一系列的问题提出后，也引发了教师们的思考，最终大家一致同意在有效的监管下，让学生们去试一试。在招募广播室负责人、广播员等岗位的时候，学生们表现出的踊跃度超出了教师们的想象，当然试的结果可想而知，学生们的表现极其出色，学生广播在学生中产生了热烈的反响。教师们也打消了之前的忧虑，学生成为广播室的主人。

之后的升旗仪式、运动会、开学典礼、教师节……越来越多的学生参与其中，把权利交给学生，充分信任学生，学生不再是单纯的出席者，而是活动的主角，学生们尽情地释放自己的智慧和光芒。教师们也逐渐意识到自己应该转变教育观念，将教育的主体地位还给学生，让自己回归到导师的位置。

2015年融合后，成立了首届学生会（原校没有学生会），搭建了学生会的组织结构，明确职责和分工，通过自荐和推荐的方式进行竞职演讲，投票选出学生们心仪的主席和部长。学生会成立后，其发挥的作用越来越明显，将"为学生创造更多的机会，助学生成为最好的自己"作为学生会建设的方向引领，学生的平台和机会越来越多，一些社团课、选修课、学校活动等在学生会的组织下有声有色地开展起来，极大地丰富了学生的校园生活。学生们不仅乐在其中，而且成长快速，幸福感增强。

一次家长、学生调研中，"请用一个词描述一下在学校的感受"题目下收获了这样三组词语。第一组词语：阳光、幸福感、进取、有活力、标准化、严格管理、创新、饱满、愉快、认真负责；第二组词语：喜欢、亲近、放心、正能量、仰慕、幽默风趣、劳逸结合、吸引、改变、赞赏；第三组词语：惬意、兴奋不已、真妙、真棒、新挑战、温馨、开心、特别好。一所有"印记"的幸福学校的画面逐渐呈现在师生面前。

氛围的营造，环境的建设，观念的转变，进而引发了课堂教学的变革。

一次调研，引发了课堂是什么的讨论。师生的调研结果如下：①授课方式比较传统、单一，课堂缺乏吸引力，教师"苦教"，收效却不好，教与学脱节严重。②喜欢有趣味的课堂，喜欢幽默、包容、和蔼的教师。③希望课堂中的小组学习，喜欢课堂上互动。④教师缺乏小组合作学习的经验和指导，效果受到影响。⑤教师渴望提高专业水平。⑥教师希望听课后的指导能够更专业，进而提升授课水平。师生对课堂高效的关注和专业提升的渴望，恰恰是师生成长的突破口。于是学校邀请校内外的教育教学专家、优秀教师、教研组长、备课组长等，一起听评课、磨课，一起学习研讨，最终确定了适合学生发展的课堂教学八字方针"自主、互助、质疑、探究"，同时"课堂高效年"成为当时学年的工作主题，进而以创建"幸福课堂"作为发展方向。把教与学的过程当作一件幸福的事来做成为课堂的追求。2022年新课标出台，学校提出以学习为中心的课堂重构。在新课标背景下，以学习为中心，坚持素养导向，突出学科实践，指向真实情境的学习；以大概念、大任务、大单元为中心，意味着"学习是需要设计的"，以大概念统领，以大单元呈现，以大任务驱动，用学习逻辑来缝合基于学科逻辑与生活逻辑的知识，让学生在学习中建构"专家思维"。教学方式从先学后用的储备—组装式学习，转变为以用促学的应用—生成式学习。面对课堂，教师们迎来了在真实性、实践性、综合性要求下的对观念层面的新挑战。

经过师生几年的共同努力，学校的社会满意度评分提高了十几个百分点，学校也收获众多荣誉。2018年获京城百所特色校"家门口的好学校"；2020年被评为国家级国防教育示范校，因办学质量提升被认定为"海淀区新优质学校"；2021年被首届京津冀教育高峰论坛媒体联盟授予"我身边的好学校"荣誉称号；2023年被国家级刊物授予"优秀传统文化特色校"称号，还获得北京市市级中小学文明校园、海淀区模范职工之家、海淀区教育系统青年文明号等诸多荣誉！学校犹如一艘乘风破浪的航船，朝着理想中的"幸福学校"高歌猛进。

1.3 内涵/求索·幸福

在不断的探索中，我们清楚地意识到学校文化是学生、教师和学校发展中最基本、最深沉、最持久的力量。以学校文化为载体，培育和践行学校核心价值观，是引领学校健康发展的重要路径。

学校核心价值观是指为了学生、为了教育、为了社会而深植于学校所有成员心灵深处的精神诉求，是所有成员对学校一切人、事、制度等各方面进行判断的价值标准。它是一所学校教育哲学的根本，也是凝聚学校全体成员的根本。

核心价值观的意义有如下三点：

第一，构建学校核心价值观，是教育安身立命的需要。专注于工作、学习，有远大的目标，是全体师生的追求。对师生而言，教育、学习是一种职业，使人"安身"，更是一种使命，使人"立命"。

第二，构建学校核心价值观，是建设精神家园的需要。在探索中，逐渐意识到核心价值观是精神支柱和行动向导，对丰富师生的精神世界、建设精神家园、引领行为和认知发展，具有基础性、决定性作用。

第三，构建学校核心价值观，是教育科学发展的需要。从实现学生、教师和学校全面发展的宏伟目标看，它是教育的重要发动机和稳定器。在引领全面发展的同时，主导着健康、正确的发展方式和发展方向。

总之，学校核心价值观是学校的教育哲学，也是学校的办学宗旨。它回答了学校为什么办教育的问题，是学校文化的灵魂。

基于以上认识，我们采用文化兴校的战略，从多样的学校价值观中抽取带有基础性的或能够为不同价值主体共同选择的价值目标，进而构建学校的理念体系和实践体系。

第二分校核心价值观的确定主要经历了以下三个环节：

第一，全面、系统地对教育教学活动进行观察和评价。我们建立了定期讨论的机制。成立项目组，全面观察和评估课堂、作业、校园互动、班级建设等多个方面，讨论和提炼核心价值观。

第二，广泛、深刻地对师生进行调查和总结。安排专人设计问卷，开展抽样调查，征集师生建议，询问了解师生所思所想。

第三，科学、全面地聘请教育专家评估和鉴定。聘请心理、教育领域的专家团队，对前期工作进行科学的评估，一起讨论进而形成学校的核心价值观。

经过广泛调研、充分研讨，基于学校的历史沿革与教育实践，将"求索·幸福"确立为学校核心价值观，作为学校一切工作的引领。

1.3.1 幸福的特质与内涵

心理学上所指的幸福是一个人自我价值得到满足而产生的喜悦，并希望一直保持现状的心理情绪。幸福说到底就是好的满足。将浅层次的快乐转化为深远的满足感和持久的幸福感是一件益处更大的事情。

学校一直在追寻的幸福，不单单是一种感受，更是一种教育价值的追求和注入，对于价值的重塑是我们幸福的源头。我们在不断实践中知行合一，在思考、理解、认知中去拓展、迁移、运用、内化、吸收，我们躬身实践，在实践创造中获得幸福，这也是第二分校所追寻的"幸福"特质。

简言之，在办学中，学生、教师和学校的价值都得到实现是幸福，为各自价值的实现而不断实践、求索的过程也是幸福。

第一层级即幸福的主体。在学校的改进中，发挥重要作用的力量是学校里被称作"变革能动者的力量"。因此，抓住核心要素"人"是至关重要的。教师和学生都是学校理念和价值观的重要载体，霍普金斯研究发现变革能动者的力量，是十分重要的，能够产生以下作用：一是产生信任；二是理解和诊断学校的组织情况；三是在团队中富有成效地工作；四是使用必需的技术资源和建议，进而更好地研究实践或者是规范教与学；五是给予人们持续改进的信心。当我们把学校的发展聚焦于人的发展，聚焦于学生、教师价值的实现，便可引发学校主体生命的蓬勃绽放，从而带动学校育人功能的实现、存在价值的体现。学生幸福、教师幸福、学校幸福，这种广泛而深刻的幸福能够扩散到家庭、社区乃至国家、民族。幸福学校罗盘"辐辏式"的设计也寓意着幸福的蔓延、弥散，见图1-1。

第1章 天问/幸福学校的理念设计

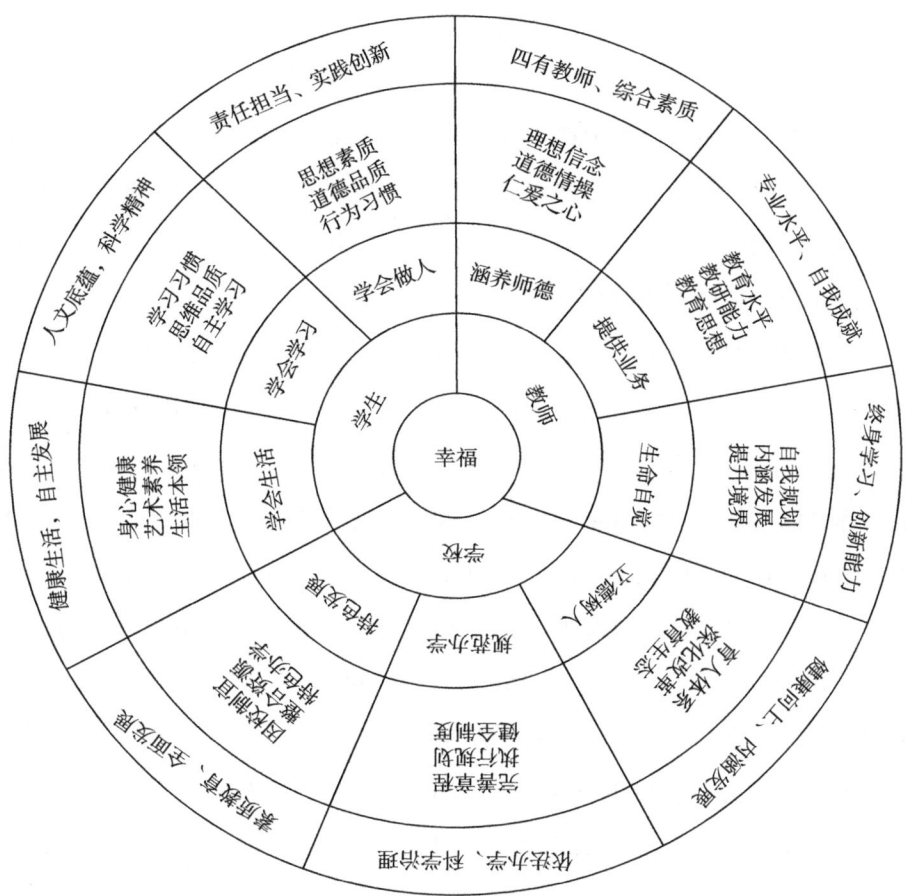

图 1-1 幸福学校罗盘

第二层级即幸福的方向。幸福说到底就是好的满足。到底什么是好的满足，不是简单的任意想象、恣意发挥，要通过合理引导，使幸福主体获得自我的认同感、归属感和价值感。在这一过程中，我们不断追问：学生为何而学，教师为何而教，学校为何而存在。努力将外驱的推动转化为内驱的动力，将被动的内化转变为主动的生成，努力将价值的重塑、求索与实现变成一种内心追寻的幸福。教师应不断追求专业发展，以适应教育的变革，为被教育者提供更为优质的服务，且应该变"被发展"为"要发展"。做研究型的教师，成为教师的幸福方向之一。

— 013 —

第三层级即幸福的路径。明确幸福的方向，结合政策文件的要求以及学校的实际情况，不断探索，寻求路径。也就是"牵牛要牵牛鼻子"，在引导师生追寻幸福的过程中抓主要矛盾、抓中心工作、抓关键环节。在第三层级中，所罗列的二十七项内容，既是"求索"的方向，又是幸福的可实现路径，同时还是学校的核心工作。这二十七项内容，可引导、可操作、可评价，是最重要的环节。

第四层级即幸福的目标。寻求幸福最终要实现目标，目标是引领也是根本，更是在方向指引、路径达成后的水到渠成。学生幸福的目标是健康生活、自主发展，人文底蕴、科学精神，责任担当、实践创新；教师幸福的目标是四有教师、综合素质，专业水平、自我成就，终身学习、创新能力；学校幸福的目标是健康向上、内涵发展，依法办学、科学治理，素质教育、全面发展。四个层级的目标互相促进，互为依托。幸福目标的达成也是站在学校视角回答"我们到底为什么办学校""办什么样的学校""如何才能办好这样的学校"这一系列的根本问题。

习近平同志在作党的十九大报告时说：为中国人民谋幸福，是中国共产党人的初心和使命。让学生学会做人、学会学习、学会生活，让教师在专业发展中提高能力、具备高尚的师德，让学校在立德树人中建章立制、发展特色，让学生、教师、学校沿着幸福的方向，实现幸福的目标，就是学校的初心和使命。

1.3.2　求索精神

"路漫漫其修远兮，吾将上下而求索"，在追寻真理、真知方面，前方的道路还很漫长，但我将百折不挠、不遗余力地去追求和探索。求索精神历经千载，仍熠熠生辉，不失光彩。这种精神绵亘第二分校几十年的建校史，她仍是我们寻求幸福、实现价值的有效路径和可靠保障。

第二分校求索有三层含义：

一是迎着目标、不断迈进的坚定和执着。一路走来，学校深刻地认识到，坚守"初心"，向着幸福目标迈进，需要坚定不移的毅力；幸福目标的实现，需要执着追求的精神。

二是不惧困难、迎难而上的毅力和勇气。学校发展并非一路坦途，需要不断拼搏，不断地努力上前，不断地坚持奋斗，以稳定执着的勇气克服和解决发展过程中遇到的一系列困难和问题。

三是不断提升、开拓创新的探索和追寻。面对日新月异的变化，改革创新不能一蹴而就，需要从课程、课堂、教师发展和学校管理诸多层面不断探索和创新更好的教育教学模式，打破过时体制和思想的禁锢。

这就是第二分校求索精神的内涵。几十年来，她被每一位师生践行，也助力每一件大事成功，她还将继续引领我们实现属于我们的幸福。

习近平在2018年新年贺词中说过：幸福都是奋斗出来的！我们沿着正确的方向，实实在在、稳步扎实地朝着既定的目标不断迈进，不惧困难，进行探索和创新，幸福自然而来。这是学校"求索·幸福"核心价值观的体现，也是学校幸福的源泉。

第2章 道寻/明道心安 校长领导力

2.1 调研/找准问题筑基

在当今教育环境中,学校面临着诸多挑战和机遇。第二分校融入教育集团后,开始探寻属于我们自己的平凡而真实的幸福。这既是基于教育理解基础上的价值追求,也是历史发展的必然选择,更是新时代办学的特色定位。

融合伊始,学校工作千头万绪,有传承和融合两所学校文化的问题,有推进幸福学校建设进程的问题,还有消除教师忧虑的问题等,任何一个头绪都至关重要。

习近平在关于调查研究的重要论述中指出:"要了解客观实际,就必须深入群众、深入实践进行调查研究,把客观存在的事实搞清楚,把事物的内部和外部联系弄明白,从中找出能够解决问题、符合群众要求的办法来。"

调研是在尊重客观规律基础上,从把握事物的现象飞跃到认识事物的本质和规律的过程。没有调查,就没有发言权,更没有决策权。教师、学生以及家长是学校最重要的群体,他们对学校的看法和期望,是学校工作最重要的努力方向。学校从实际出发,实事求是,采取资料阅研、内部访谈、外部参访、沟通研讨等工作方法,坚持以问题为导向,全面了解和掌握学校的实际情况,调查在前、研究在中、决策在后,切实做到"深"与"真"、"细"与"实"、"准"与"效",将解决问题贯穿整个调查研究全过程,提高决策的科学性和准确性。

2.1.1 调研的方向和目标

调研就要有的放矢。明确调查的目的,是调查研究的前提条件。目的明确了,调查才有针对性,才会有切实的收获。

学校以"建一所富有生命动力的幸福学校"为目标,围绕"教师在成功中体验幸福,学生在成长中体验快乐"的办学理念,以"饮水思源,爱国荣校"的校训为主线,致力培养"知书达理内外兼修的阳光学子"。学校的调研也紧紧围绕学校的文化开展。

学校最初的调研专注于内部,即从文化与发展、教师、课程、学生四个维度开展调研。其中文化与发展维度主要调研文化、管理、发展的认同度。教师维度则是关注教师的整体状况、行为文化、培训等。课程维度主要关注课程、备课、课堂教学、课后辅导等情况。学生维度主要关注学生的整体状况、行为文化、社团活动等情况。自2019年始,学校围绕"学生发展"这一核心开展自我诊断,学校自我诊断使调研工作进一步深入和提升。

2.1.2 调研情况和机遇

1. 文化与发展维度

文化是一个学校的灵魂,是发展中最基本、最深沉、最持久的力量。文化兴则学校兴,文化强则学校强。文化包括理念文化、制度文化、行为文化和物质文化等。一个完整的文化体系要做到内化于心、渗透于制、外化于行、固化于物。文化的融合是一个长期的过程。

学校承办初期调研表明：①随着两校的融合，学校新的理念逐渐明确，价值精神不断清晰，顶层设计在完善和优化，但由于融合的时间较短，教师们对新的"幸福"的理解和内化还需要一个过程，"幸福"认同感有待加强。文化理念真正达到知行一致，还需要理念的熏陶以及与理念相匹配的行为塑造同时进行。②新的发展局势下，师生期望通过提升管理的规范化，优化管理制度，推动学校和个体的发展。

学校文化建设遵循以下思路：一是挖掘学校历史文化，解读传统文化内涵；二是凸显幸福学校主题，拓展学校文化外延；三是科学推进文化建设，将文化建设渗透学校各项工作中，同时将学校的办学经验和成果通过校园网、微信平台和媒体报道进行宣传，在师生共同意愿的基础上，通过统筹规划，以项目管理的形式，逐步创设和积淀具有浓郁特色的学校文化。

基于核心价值观的引领，构建办学理念体系。①在文化立校的发展战略指导下，基于核心价值观构建了包含办学目标、育人目标等一以贯之、多个维度的实践体系。教育变得更有灵魂，更有目标，更有价值导向，也更加温暖。②为保证理念的落地，第二分校构建了学校的实践体系，包含幸福课程、幸福课堂、幸福教师、幸福组织，一切服务于学生的成长。

学校形成了校长负责、党总支监督、教代会参与的民主治校的管理体制。凡学校重大事情，均要通过"两委"会商议，教代会审议后由校长执行。在此基础上科学制定和完善学校管理制度，使管理制度更民主、更合理、更科学有效。科学和民主的管理制度，获得了全体教职员工的认同，促进了学校发展。

2. 教师维度

教师需要在成功中体验幸福，要尊重教师的真正需求。学校以问题调研入手，定期收集教职工的需求，征求意见和建议；学校实行教师意见公开逐条答复制度，让教师的需求和意见建议落到实处。通过"聊吧""邮箱""接待日""家委会""学代会""团代会"等方式，充分听取广大师生和家长的意愿。例如：①教师希望通过全局性的把控，统筹学校资源和各项工作，设置合理、被广泛认同的工作目标，小步快跑，确保工作成效。②教师们期望提升选聘的客观性和及时性，增强公信力。③教师们有强烈的成长需求，希望通过培训、交流等方式提升自我。④教师们希望规范管理和提高执行效力，削减不必要的内耗。

教师的需求成为干部工作计划中的重点，2017年形成并落地《干部为教师办十件实事计划书》，建立了专家月报告制度，相继开展了读书工程、课堂教学工作研讨、互助工程、名师工作室、课题研究、教师论坛……

以项目研究为突破口，开创人人参与教科研的局面，从而促进教师队伍素质、教育质量不断提高，引导教师积极承担课题，运用自主研究与合作研究相结合的模式，提高教师的科研意识，实现由经验型向科研型的转变。

为增强教师自主成长的意识，通过调研、教代会讨论出台了《教师发展学术积分》《月效益管理办法》《提质增效激励办法》等制度。

美国作家柯蒂斯说过：幸福的首要条件在于健康。学校提出7+1>8的工作理念，快速成立了教师俱乐部，开展健美操、太极、瑜伽、剪纸、书法等活动。

3. 课程维度

课程是教育的核心，直接关乎学校人才培养的质量。针对课程的调研显示：目前使用的课程标准、教材适用性需要进一步提高，缺乏分层，教师需提升对课程校本化的思考深度。集体备课取得一定效果，但缺乏充分研讨和有效指导，教学设计缺乏深度和创新，备课流于形式。

学校以培养目标为方向，在融合初期，确立了"幸福+"课程思路，在全面把握课程育人功能的同时，也为满足学生的个性化需求提供选择，形成1.0课程体系即三级四维幸福课程。随着学校的发展，办学思路的进一步清晰，基于每学期的学校诊断锁定关键要素，课程建设成为教师自我成长的需求。

在教师的推动下，逐步构建并完善了2.0课程体系即"和合"人文生态课程（一主线、三层级、四维度）。一主线是人文生态。三层级是基础型课程、拓展型课程和研究型课程。四维度是道德与伦理、人文与社会、科学与技术、艺体与审美。同时"课程群"的建设也更大程度上满足了学生的成长需求。

4. 学生维度

学生是教育的主体，教育的一切措施都应该围绕学生来组织和展开。融合初期通过对学生的调研发现，整体呈现善良、单纯、热情，信任同学，懂得感恩，有表达和表现欲望等优秀特质，同时存在学习愿望不足，学习习惯不好，学习基础差，不善于摆脱负能量，缺乏自信和坚韧等问题。

为了让学生有更广阔的发展空间，学校的每一位教育者都肩负着播种希望、培育未来的重要使命。学校提出"把学生放在最中央"的学生观，正是这一使命的核心与灵魂。教育的根本目的在于促进学生的自主成长，所有的教育教学活动都应围绕这一核心展开，旨在激发学生的内在潜能，帮助他们成为自我驱动的学习者，进而在人生的旅途中自信地前行。

课堂上，教师鼓励学生们主动提问、讨论和探究。通过项目式学习、合作学习等多样化的教学方法，学生学会如何独立寻找答案，如何在团队中协作解决问题，从而逐步建立起终身学习的习惯和能力。这样的过程，不仅让学生在当前的学习中获得自信，更能为他们的长远发展奠定坚实的基础。

班级中,每个学生都是独一无二的个体,拥有不同的兴趣、能力和梦想。教育必须是个性化的,教师要发现并培养每个学生的独特闪光点,让他们在各自擅长的领域发光发热。这不仅是对学生个体差异的尊重,更是对教育本质的深刻理解,让每个学生都能找到属于自己的成长之路。

从"教"转向"育",注重学生的主体性,激发学生的内在动力,促进学生自主成长,让每一位学生都能在其独特的人生舞台上绽放光彩。

2.2 幸福/学校文化建设架构

学校文化,作为学校发展的灵魂,其重要性不言而喻。它如同一条无形的纽带,紧密地联系着学校的每一位成员,深刻地影响着师生的行为方式和价值观念,更是在很大程度上决定了学校的教育质量和社会声誉。在当今教育领域不断发展和变革的大背景下,学校之间的交流与融合日益频繁,尤其是在集团化办学的模式下,不同学校文化的碰撞与融合成为一种常态。

2.2.1 多元举措,构建理念实践体系

当两个学校文化相互融合时,由于各自原有的文化背景、发展历程以及价值取向的不同,必然会出现一些价值观念的差异。这些差异在尚未形成统一的价值观念之前,会导致在商讨工作时出现不同的思路和观点。也可能会影响学校的正常运转。正如《孙子兵法·谋攻篇》中所云:"上下同欲者胜。"对于学校这样一个组织来说,只有全体成员拥有共同的目标和意愿,才能在面对各种困难和挑战时团结一致,共同战胜困难,取得成

功。因此，构建统一的、积极向上的学校文化，明确共同的核心价值观，成为学校发展的当务之急。

以"幸福、求索"为核心的学校文化建设，正是应对这一挑战的重要举措。

在"文化兴校"的战略指引下，学校采取了一系列多元且有效的工作方式方法，致力于构建科学、完善的学校理念体系和实践体系，以实现学校文化建设目标。

首先，全面、系统地对教育教学活动进行观察和评价。为此，专门建立了定期讨论的机制，并成立了项目组。项目组成员深入课堂、作业批改现场、校园互动场景以及班级建设的各个环节，全面观察和评估教学过程中的每一个细节。在课堂上，关注教师的教学方法是否能够激发学生的学习兴趣和主动性，是否注重培养学生的思维能力和创新精神；在作业布置与批改方面，考量作业的量和难度是否适中，是否能够满足不同学生的学习需求；在校园互动中，观察师生之间、学生之间的交流是否和谐、积极，是否有利于营造良好的校园氛围；在班级建设方面，评估班级管理模式是否科学合理，班级文化是否能够促进学生的成长和发展。通过对这些方面的深入观察和讨论，项目组不断提炼和完善与"幸福"相关的核心价值观。

其次，广泛、深刻地对师生进行调查和总结。引入专业人员设计了详细的问卷，涵盖师生对学校教育教学、校园文化、个人发展等多个方面的看法和期望。通过开展抽样调查，广泛征集师生的建议，并通过个别访谈、小组讨论等方式，深入询问和了解师生的所思所想。这些来自师生的第一手资料，为学校文化建设提供了宝贵的参考，使学校能够更加准确地把握师生的需求和期望，从而使学校文化建设更具针对性和实效性。

最后，请教育专家进行评估和鉴定。聘请了心理、教育领域的专家团队，对前期在教育教学观察评价、师生调查等方面所取得的成果进行深入分析和评估。专家团队凭借其丰富的专业知识和实践经验，与学校的管理人员、教师代表等一起讨论，从专业的角度提出建设性的意见和建议，进一步完善学校的核心价值观体系。

2016年年初，学校以《集团化办学背景下学校整体改进的实践研究》为课题，展开了深入研究。在学校整体规划的背景下，明确了学校发展下一步的工作重点，即明晰核心价值观、完善沟通机制、建立标准，形成科学的质量观。在反复调研的基础上，学校采用座谈交流、头脑风暴等方式，鼓励全体师生积极参与，群策群力，集思广益。从多样的学校价值观中抽取带有基础性的或能够为不同价值主体共同选择的价值目标，经过不断的讨论和完善，最终确定了以"幸福"为核心的统一的核心价值观体系，为学校的各项工作提供了坚实的引领和指导。

通过以上多元举措，学校逐步构建起了以"幸福、求索"为核心的学校文化体系，为学校的可持续发展和师生的幸福成长奠定了坚实的基础。未来，学校将继续深化这一文化体系的建设，不断提升学校的教育质量和社会声誉，让幸福之花在校园中绽放得更加绚烂。

2.2.2 明确目标，制定策略

纵观学校的发展历史，自2015年开始，学校将关注点转向人的发展，把"建一所富有生命动力的幸福学校"作为办学目标，即"幸福"人成长的终极目标。

在践行中我们不断思考"发展"是什么？渐渐地我们感悟到：发展就是拓展自由的过程。于是根据学校当时的状况，将学校的发展定位为三大阶段，第一为很不自由即质量阶段，第二为比较自由即效能阶段，第三为靠近自由即人本阶段。

学校在明晰核心价值观之后，继续研讨今后三年的发展，三年中如何形成学生快乐、教师幸福的学校文化，如何在区域教育中实现满意度逐步提升，并成为广大师生及家长认可的幸福学校。历经半年时间的分析、研讨、梳理，终于明确了在实施幸福学校建设的第一阶段，也就是质量阶段，必须要进行的是学校组织机构的调整、各部门职责的梳理、三支队伍的建设及人事制度的变革。"主题发展、整体推进"的行动策略和《三年发展规划》的出台，奠定了学校的可持续发展基础。于是学校通过调整结构，采取双向聘任制、优化机制等方式，激发学校教师的发展活力。通过完善顶层设计、加强教科研工作、建设特色课程等多种途径，提升学校的发展动力。清晰学校定位，明确学校规划，使各项工作有序推进。2019年1月，以区"新优质校"的获评，圆满完成质量阶段即1.0幸福学校建设。

在实现第一阶段目标的基础上，效能阶段即2.0幸福学校建设开始启航。在全体教师大会上，了不起的教师们把难题留给了自己，将创建"一流学校"作为未来6年学校的发展目标，这是全体教师对学校的信任和对未来的憧憬，同时也代表了一种决心，"上下同欲者胜"。

一流学校是要创造变化，怎样创造？从哪些方面入手？我们继续追问。教师们通过一张问卷给出了答案。①学校发展的突破点（排序）：教师、学生、质量、经费、资源、课堂、课程、体制与机制、班级。②干部、教师要有向上的品质即积极心态、容错、欣赏赞美、服务意识、主动。于是第二个三年规划有了方向：幸福教育1+1方案、引入学校诊断、学生成长课程、积极心理学融入学校，建设与一流学校相匹配的制度。

总之，为了促进学生全面发展，学校科学规划、系统实施《三年发展规划》，并在实施、动态调整的过程中，不断收集反馈意见，对规划进行持续优化。通过定期评价评估和总结，及时发现并解决问题，确保规划的有效实施，不断提升教育质量和管理水平，实现学校的可持续发展。

2.3 修身/校园幸福的把握

校园是知识的殿堂,也是成长的摇篮。在这个充满活力和希望的地方,学生们不仅追求知识的积累和学业的进步,更渴望获得幸福的体验。然而,校园幸福并非偶然可得,它需要个体通过自身的努力和修养来把握。修身,作为一种古老而智慧的理念,对于实现校园幸福具有重要的指导意义。学校要发展就要营造良好的教育生态。学校的发展,是学校教育理念、教育理想、教育情怀、教育方式的发展。落实到具体要素上,学校的发展是教师、学生、质量、课堂、课程、体制与机制、班级、文化等方面的发展,各个要素的协调发展才会推动学校有序、稳健的发展,否则就会出现发展的阻碍和短板。

学校在"学生在成长中体验快乐,教师在成功中体验幸福"理念引领下,根据发展目标,确定了每学年解决一个主要问题的指导思想,制定了"主题发展、整体推进"的行动策略和《三年发展规划》,以教师、课堂、课程、学生为四大载体,有序推进各项工作,整体提升学校办学品质,进而向实现整体的幸福学校的目标努力。

2.3.1 教师发展年

教师是推行幸福教育的中坚力量。幸福的教师才能培养出幸福的学生。没有教师的发展,就不会有学生的成长。2015年把"教师发展年"作为连续两年的工作主题。旨在通过明确教师发展路径,制定激励教师发展的机制,加强教师培训,开展多样化的活动等一系列措施,推动教师的发展，夯实学校发展的根基。

"项目制研究+专业成长"教师发展的思路。促进教师的专业发展，培养其科学精神和幸福培育能力，增强自身幸福，是幸福学校的起始和保障。学校确立"勇气+成长"的教师文化。勇气作为积极人格的一大美德，以坚毅精神为主，意味着面临内在或外在压力时誓达目标，其性格表现为英勇和勇敢，坚持不懈、勤奋和勤勉，正直、真诚和坦率，即敢于直面困难、敢于坚持、敢于表达。这是学校对教师的既有描述和未来期待，鼓励教师勇于面对挑战，勇敢收获成长。

学校鼓励教师拿出勇气"做自己的CEO"，有想法就有天地。教师通过内动力的驱使，在工作中主动学习、进行变革、创新工作，通过项目式学习，在培训、促进、激励等进阶过程中成长，完成"青年—骨干—首席—名师"的阶梯式发展。同时从重新理解教育、重新发现学生、重新理解教师专业发展三方面设置了教师发展五年培训课程，见表2-1。

年轻的语文教师徐老师一直在求索幸福的道路上前行。对于她来说，幸福就是师生的共同成长：一款毕业班原创沉浸式真人秀游戏让学习变得好玩儿起来，学生们在自我激励、自我赏识中美美地学起来，教师也在成就学生的过程中感受到幸福；在教师发展年她找到了属于自己的教学风格——"美丽语文"，感受到源于专业发展的幸福；语文教学、班主任工作、教育戏剧、学习治疗、整本书阅读等方面不同程度的发展，使脱胎换骨、一专多能的徐老师，找到了源于发展的幸福。2023年她被评为北京市骨干教师。

表 2-1 教师发展五年培训课程（节选）

重新发现学生	社会性与道德	18. 中学生的道德发展特征 19. 中学生道德发展的支持条件 20. 中学生道德发展中的常见问题
	身体与心理健康	21. 中学生生理发展特点与性健康教育 22. 中学生心理发展特点与心理教育 23. 如何进行积极的师生沟通
	安全与权利	24. 校园欺凌与校园暴力问题专题研究 25. 青少年法制教育 26. 学校安全事故预防与处理培训
重新理解教师专业发展	教师专业发展观念变革	27. 重新理解教师专业 28. 重新理解教师专业生活 29. 教师职业生涯规划
	教师专业道德与情感	30. 重塑教师专业理想 31. 激发教师专业情感 32. 树立教师专业规范
	教师专业能力提升	33. 课堂教学能力 34. 语言表达能力 35. 合作与沟通能力 36. 现代教育技术能力
	教师反思与研究能力提升	37. 教师反思意识提升 38. 科研方法能力提升 39. 专业书籍阅读能力提升 40. 研究论文写作能力提升

2.3.2 课堂高效年

针对调研中发现的问题，2017年起学校把发展主题定为"课堂高效年"，通过课堂变革，提高教与学的效率。课堂高效年建设目标是通过"课堂高效年"创建"幸福课堂"。

在教育集团提出的"三有"（有趣、有参与、有成效）课堂标准之下，针对学校的发展特征、需求、现状及学生实际情况，依据"学习金字塔"原理，把"自主、互助、质疑、探究"作为幸福课堂的关键要素，即幸福课堂的"八字方针"。

自主：学生是学习的主体。"自主"强调学生在学习和生活中，具有主动性和自主性，让学生学会自我把握学习的方向，自我探索学习的规律，自我掌握主动。

互助：通过合作实现双方受益的方式。"互助"主张使学生达成统一的认识和规范，并在合作中创造相互理解、彼此信赖、互相支持的良好气氛，形成团队合作能力。

质疑：心有所疑，提出以求探究。"质疑"关注学生在知识与技能的学习与研究中，对知识进行加工，产生高层次的思维和深层次的体验。

探究：探索追究或研究。"探究"是指引导学生在学习中发现问题和研究问题，培养其搜集数据、形成解释，并进行交流、检验的能力以及内在品质的提升。

同时，教师利用"学习科学"探索课程设计与教学实施，探究怎样促进对学习的理解，怎样设计学习环境，从而让学生既能够热情投入，又能够有效形成新的理解、发展新的能力。内容既聚焦教学方法，也聚焦能够吸引学习者并帮助他们学习的技术设计和使用；既聚焦学生也聚焦教师，关注怎样帮助他们学习；同时还聚焦非正式场合中各年龄段的学习者，聚焦学习者在群体中的学习和群体学习方式，如何影响群体中个体的能力，以及如何开展设计以促进学习路径有效达成。此外，还涉及技术可能扮演的角色，利用新技术让学习更加吸引人且更为有效的可能性。

以学生为本的课堂上，教师引导协助，学生之间共同合作探讨，互相"赋能"，互相"点燃"，互相成就。"自主、互助、质疑、探究"关注的是学生积极学习体验的获得（有趣），重视培养学生的自主学习、质疑探究的能力（有参与感），满足幸福课堂的主体需求，关注学生的终身发展（有成就感）。"自主""互助""质疑"和"探究"的课堂（见表2-2），能够给学生独立思考的空间、互助发展的机会、表达观点的平台和探索钻研的体验，使学生在课堂上感受"三有"课堂之"有趣""有参与感""有成就感"的特质。

表 2-2 幸福课堂观察量表

关键要素		课堂观察要点
自主互助质疑探究	教师	围绕学科素养制定教学目标，目标准确清晰
		问题设计有梯度和思维价值
		科学规划合作学习的内容和方式
		教学语言清楚，点拨指导有效
	学生	学生知晓本节课学习任务
		小组成员职责清晰，分工明确
		讨论展示环节有序，教师及时培训指导
		学生活动设计任务清晰、活动有序
		有效保障小组活动时间

2.3.3 课程建设年

学校以"做一名知书达理内外兼修的阳光学子"为培养目标，寻找通向学生核心素养与未来发展的桥梁。于是从 2019 年起，"课程建设年"成为学校的工作主题。学校工作以课程为抓手，在课程建设中不断求索创新，打造有学校风格的幸福课程体系是学校特色发展的必经之路。学校基于五育并举的教育方针，在探寻学校发展历史的过程中，不断寻求、挖掘学校周边的课程资源；在内部资源和外部资源的不断整合、筛选中，最终经过课程专家和教师们的研讨碰撞，以育人目标为中心，系统构建了一主线、三层级、四维度的课程，即 1-3-4 "和合"人文生态特色课程体系（见图 2-1）。通过 1-3-4 "和合"人文生态特色课程体系的统筹设计，横纵衔接，保障全体学生搭建稳固的知识体系，支持不同兴趣群体的学生拓展学习空间，面向个体提供研究与创新的空间，使学生能够形成螺旋环绕

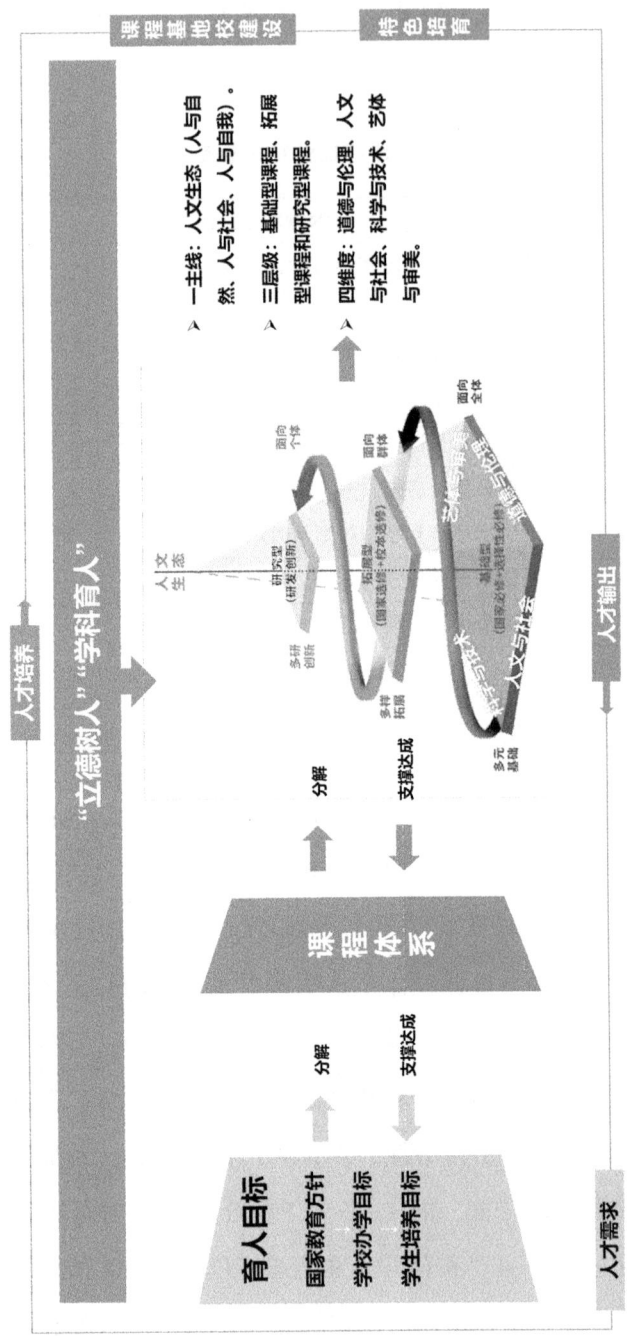

图2-1 "和合"人文生态特色课程体系

式的跨学科学习，实现综合能力的提升。同时，形成了各种特色"课程群"：①"绿色低碳"特色课程群。课程理念是可持续发展，课程目标是树立环保理念、实践低碳生活、共建绿色家园（心怀天下、关注社会、关注人生）。②"人生美学"特色课程群。课程理念是以美育人，以文化人；课程目标是发现美、鉴赏美、创造美。③"健康与人类发展"特色课程群。课程理念是健康成长铸就健康未来；课程目标是关注健康问题、养成健康习惯、规划健康未来。

开展和完善学校生态课程，培养教师开发课程、建设课程、落实课程的能力，带动学校教师在专业上不断进取，增强教师的课程意识，拓宽教师的研究思路，提高教师自身业务能力和创新能力。

同时，在建设"课程群"的过程中，教师们逐步理解如何开展跨学科主题教学以促进学生成长：统筹教学视角的"跨学科性"与教学模式的"主题统筹性"，坚守学科立场，打破学科边界，围绕某一主题将两门及以上学科的内容进行整合，用主题统筹教学目的、内容、资源、方式及评价诸要素，通过问题导向的整体性设计与实施，促进学生在真实情境中开展有意义的学习，实现人的全面发展。

● 案例

贡献中国智慧　实现零碳未来——模拟联合国气候变化谈判大会

为了让更多学生参与活动，同时选拔代表队成员，学校结合"气候变化与人类社会"的特色课程，在高二年级组织校级的"模拟联合国气候变化谈判大会"。在模拟联合国气候变化谈判大会上，学生通过扮演不同组别的代表来探讨如何实现世界零碳未来。学校与友邻单位国家气象局合作，结合高中地理教材，以生物、数学、政治、语文等国家课程为基础，从课标中提取核心素养、学业质量要求，梳理出过程性三维整合的学习目标。同时明确统领性任务，设计包含子任务链的内容组织结构图，明确学习任务单，设计学习活动，提供有效的学习支架：策略型支架、资源型支架、交流型支架。制定指向素养导向的学习评价标准，用过程性评价推进结果性评价及总结性评价。总之，学习目标明确学生素养发展方向，学习活动围绕目标设计实施以促进学生达成目标，学习评价依据目标制定并以结果反馈优化教学，三者相互匹配协同且动态调整，共同指向学生素养提升的过程。（林玉）

气候变化与人类社会课程入选"中国青少年应对气候变化行动"展示，王梦琦同学参加了COP29（第29届联合国气候变化大会）以"气候变化影响下脆弱的城市：青少年的视角与气候行动"为主题的边会，并进行分享发言。学校被评为"气象特色学校"，同时获得全国第八届气象科学展评模拟联合国气候谈判活动团体二等奖。

2.3.4 学生成长年

以立德树人为根本任务，围绕《中小学德育工作指南》中的德育内容和育人途径，以"常规工作不常规"为标准，以学生成长为核心进行一系列变革。启动"学生成长年"之初，学校提出"一所有印记的幸福学校，就是要让学生爱上我们（爱上老师、学校、班级、课程、课堂）"的目标。各个项目团队共同研发"学生成长课程"，开启了"开学是我们的节日""开心三件事""甜言蜜语时间""花果山家里蹲"等系列课程。启动走进学生心灵的班级文化建设、邂逅"罗森塔尔"、以学习为中心的课堂重构等项目；完成学生干部培训手册、我说家风活动；以德智体美劳为核心开发30个"特"字精神（学校卡通人物名字叫特特），让学生在能力感、成就感、价值感方面有了真实的感受。一次开学典礼后家长留言："孩子们好开心呀，这样的开学典礼还是第一次见，幸福学校名副其实。"渐渐地，自主、合作、共享，发现、欣赏、感恩的氛围在校园里浸润传播。

"学生成长年"建设中，学校借鉴积极心理学幸福大厦理论中的积极情绪、投入、人际关系、意义和成就五个元素,以感受幸福、创造幸福和传递幸福为德育课程的三条主线,搭建出四大领域、八大素养、十六项育人品质和六级目标的幸福成长德育课程体系。其中,四大领域分别是乐群课程、行知课程、博雅课程、致远课程;八大素养指的是阳光健康、团结友善、知行合一、实践创新、品行端方、学识渊博、奉献担当、志存高远;十六项育人品质包含积极、友善、包容、合作、主动、勤奋、钻研、创新、自律、自强、博学、雅正、感恩、担当、奉献、卓越。由此,通过聚焦目标、战略思考和统筹规划,第二分校逐渐完成了幸福成长课程的顶层设计,校园成为充满幸福和希望的地方。

● **案例**

甜言蜜语时间

课程开发背景:初二年级×班,男女生间发生一些小事,彼此指责、多次告状。年轻教师想通过分别谈话的方式来解决,但效果不佳,怎么办?相关的小干部和班主任一起商量,通过体验能否解决?学生们脑洞大开……

课程设计与实施:通过甜言蜜语时间,设计学生之间矛盾解决的第三通道,营造学生之间团结、友爱、赏识和尊重的氛围。

实施效果:每日寻找和发现彼此的"小幸福"。班级晚检时刻,男女生彼此鼓励、称赞,感恩在一天的校园生活中看到或遇到的小事,很快解决了之前的矛盾,同时增加了彼此的友谊。

课程升级:班级从设置纠错箱到容错箱。最初的目的是实现学生的自我纠错,纠错箱内是学生讨论通过的一些纠错内容,包括学习类、健身类、表达类、服务类、表演类、挑战类等。一段时间过后,班主任主动申请往"纠错箱"内投入一张纸条并读给学生听:"×班的全体成员都会原谅你这次犯的错误,希望你能及时改正,努力做到让我们因你的存在而感到幸福。"由纠错到容错，智慧的教师通过一张纸条，让师生关系更加融洽，同时实现了师生共成长。教育离不开惩戒，但惩戒背后一定是有爱心支撑的。（张桂芹）

2.4 赋能/推动中的启智润心

一所富有生命动力的幸福学校，一定把深入贯彻落实立德树人作为根本任务，切实将党和国家关于学校发展工作的要求落细、落小、落实，着力构建方向正确、内容完善、学段衔接、载体丰富、常态开展的工作体系，大力促进学校治理工作专业化、规范化、实效化，努力形成全员育人、全程育人、全方位育人的学校工作新格局。

2.4.1 组织结构调整历程

学校在融入教育集团之初，沿用从校长→副校长→主任→年级组长、教研组长→班主任、备课组长→教师，最后一层到学生、家长的"金字塔"式管理结构。"金字塔"式管理结构虽有着结构严谨、分工明确、便于监控等优点，但是存在缺陷。由于管理层级多，信息传递失真，加上权力的集中导致大家的自主性较小，影响对人才的开发和利用，束缚了教师的发展。"金字塔"式管理结构固然"稳"，但不适合当下学校的发展。为了修正"金字塔"式管理结构的弊端，减少组织层级，有效降低协调的难度，调动成员的积极性，提高决策的民主化程度，学校稳中求变，利用一年的时间进行调研，广泛听取教师的建议，于2016年7月将"金字塔"式管理结构调整为"一室五中心"结构。此次组织结构的调整减少了因层级过多导致的信息传递过程中的延迟和失真,进行了从重管理向重服务的微转变。"一室五中心"中的"一室"指的是人力资源办公室,"五中心"分别是教学管理中心、毕业指导中心、学生发展中心、教育研究中心和行政服务中心。各个部门对应的关键词分别是中枢、常规、命脉、未来、发展和保障。部门之间相互联动、各司其职,服务于各个年级,由校长直接对接各中心负责人,中心负责人对接年级,力求治理结构扁平化,促进各部门信息通畅、交流顺达,构建了一个利于当下学校发展的相对适合的治理结构。从"一室五中心"走向"扁平化",增强资源为教育教学服务的偏向性。

学校开始实行"一校两制",计划用三年的时间,从根本上实现从管理到服务的转变。2017年学校创造性地设置了初一年级委员会。初一年级委员会平行于"一室五中心",由年级主任负责,年级内设主任助理、教育顾问、导师、事务专员、自修课程主管、过评主管、成长学院。2018年继续推行"一校两制",有了初一和初二年级委员会。此时的结构已经趋于扁平化且组织结构更加清晰,但是仍然处于磨合期。经常出现的声音是:"我们已经想尽一切办法弄得非常好了,年级还是不满意。""资料都整理好给他们,他们不清楚,为什么不问?""不精准""不主动"是从管理到服务转变中即磨合期最大的问题所在。问题就是课题,每天都有困惑出现,每天又都在进步。2019年,"一校两制"得到更进一步的优化,年级委员会的职责逐渐清晰。这一年是学校发展最快的一年,也是幸福学校从1.0向2.0转折的关键一年:社会满意度的快速提升,学校荣誉的加冕,教育教学比赛、论文获奖、课题申报成功……好消息,像雪片一样飞到学校的各个角落,师生的自信心、荣誉感、社会认可度都在增强。2020年学校恢复高中,组织结构更加明确。这一年,中招录取分数线触底反弹,超越了15所学校。矩阵式管理结构让学校踏上了高速发展的道路。四个委员会加上"一室三中心"和年级内部"一院六组"的结构,更加明确了党领导下校长负责制的学校样态（见图2-2），其中年级委员会的组织结构，更加注重师生的自主性，关注师生在达成过程中的体验和幸福感受（见图2-3）。

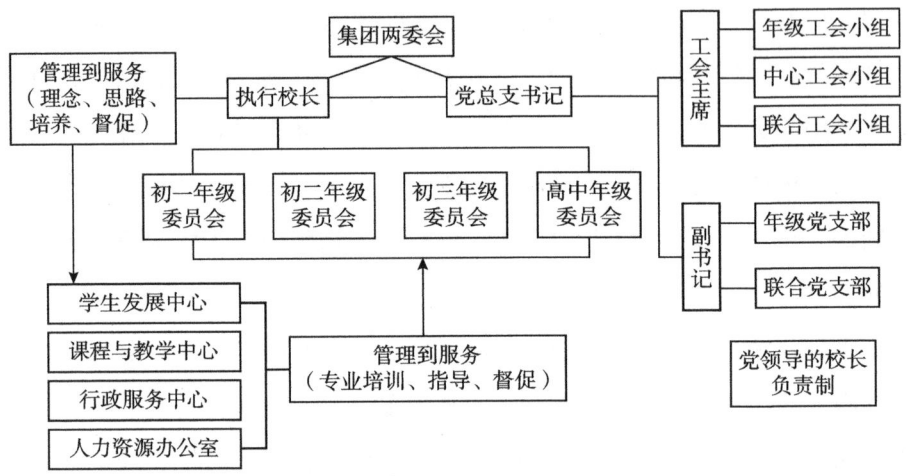

图2-2 学校组织结构

年级委员会2020年组织结构图（一院六组）

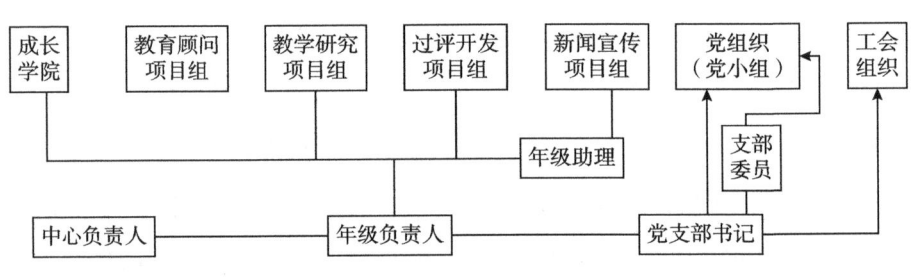

图2-3 年级委员会组织结构图

2.4.2 游戏体验与感悟结构调整

传统的金字塔式管理结构逐渐暴露出信息传递缓慢、决策效率低下等问题。而扁平化管理作为一种新型管理模式，通过减少管理层级、扩大管理幅度，有效提升了组织的灵活性和响应速度。

调整结构目的在于完善学校功能，实现战略落地，释放资源能量，提升管理和组织绩效，整合和培养人才。但是结构调整中势必会出现成员不理解，成员存在工作惯性等问题。为了使全体教职工真切而生动地明白结构改革的重要性和必要性，学校采用寓教于乐的"团队寻宝"游戏活动，与教师们一起探究扁平化管理的优势，特别是在信息传递、工作思路清晰化以及结构调整过程中的关键要素方面，使教职工感悟并体验到"结构"变化带来团队的发展。游戏中的体验和感悟是最真实、最直接和刻骨铭心的。游戏中教职工们发现小组中排列的人越少越容易快速找到"宝"，组内符号设定得越清晰越简单越容易快速找到"宝"，小组成员配合越默契、各小组成员按其特长进行位置分配越合理越容易快速找到"宝"。

通过半天的游戏活动，教职工们总结归纳出以下感悟：①层级越少，信息传递越快。②目标要明确，发令者思路要清晰（捡球、方向）。③接收者与发令者之间要达成一致、有共识（手势、分组、策略：球的大小分值不同）。④用人所长（反应快、灵活）。⑤合作默契的人在一起，会减少负面情绪。

游戏中，管理层级减少，信息的传递路径被极大缩短，如从顶层管理者直接到基层教师，减少了中间环节的过滤和延误。这不仅加速了信息的流通速度，还提高了信息的准确性。决策过程中的信息失真和误解得以减少，使得基于数据的决策更加科学、有效。此外，教师能够更快地获得反馈，及时调整工作策略，从而提升工作效率和创新能力。

游戏中，扁平化管理鼓励开放的沟通，以促进跨部门协作，使得工作思路更加清晰。在减少层级壁垒后，团队成员能够直接交流想法和意见，避免指令的扭曲和误解。同时，管理层级减少意味着决策更加贴近一线，教师能更直接地理解组织的目标和愿景，从而将其转化为个人行动指南。这种"从下至上"的参与式管理，不仅增强了教师的归属感和责任感，还确保了团队目标的统一性和明确性。

回顾2017年，学校在"一校两制"的变革初期，不可避免地遇到各种挑战和质疑，干部团队之间的持续沟通和及时反馈尤为重要。管理层主动倾听教职工的疑虑和担忧，通过定期的会议、小组讨论等形式，反复交流、解释政策变化的原因和预期效果。干部们开放的态度使得成员之间建立了信任，消除了误解，最终促进共识的形成。共识不仅是关于变革本身的理解，更是对共同目标的认同和承诺。

总之，扁平化管理是提升组织效率、增强团队凝聚力的重要手段。它通过简化管理结构，加速了信息的传递和决策过程，使工作思路更加清晰、目标更加明确。在实施过程中，重视反复交流与沟通，是确保变革顺利进行、实现组织目标的关键。未来，随着技术的不断进步和工作环境的变化，这种管理模式或将迎来更多创新应用，为学校组织带来更加深远的影响。

第3章 存志/心中拥有梦想

3.1 素养/建设教师文化

教师是学校"幸福"的灵魂，是学校发展的核心动力，是教育改革中新思想、新方法、新措施的最终贯彻者和执行者。教师成长的高度决定学生成长的高度；教师的教育思想、教育行为直接影响着学校的发展。所以办好一所学校的关键是教师，教师队伍建设是学校内涵发展的核心。

3.1.1 激发教师的积极性和动力

激发教师的积极性和动力是增强教师幸福感的基石。教师的积极性不仅来源于对教育事业的热爱，更需要学校和社会的激励和支持。

第一，建立合理的激励机制。

薪酬分配制度要确保教师获得与其工作量和付出相匹配的报酬。同时，设立各种奖项，以表彰在教育教学和教科研中取得突出成绩的教师。《教职工岗位月效益管理办法》由教职工岗位常规效益和发展性效益两部分构成，通过考核与奖励相结合的形式，实现教职工在常规方面的自我管理和发展,并树立榜样,发挥引领示范作用。《年度考核奖励方案》将考核工作与奖励工作有机结合,以每学年年度考核结果为基础实施奖励,教职工定期考核为优秀等次的,一般给予嘉奖;给予记功及以上奖励的,需要从年度考核优秀等次的工作人员中产生。《市、区级学科带头人、骨干教师考核方案》旨在带动和促进教师队伍整体水平提升,让优秀的教师更加优秀。《教育教学提质增效激励管理办法》是在科研强校战略和建成一流学校的目标设定过程中出台的,教育教学的提质增效是学校整体工作的核心,它需要在常规一流的基础上,进一步发挥勇于创新的精神。为鼓励教育教学中智者先行、能者引领,形成发展需要创新、创新需要研思、研思需要落地、需要固化的机制,特制定学校《教育教学提质增效激励管理办法》,是教师发展的加速器。《学术积分管理办法》是为调动教师的主体发展意识与需求,使教师在教育观念、知识、能力、专业态度和动机、专业精神等各个侧面不断更新、丰富,进而推动教师专业成长,激励广大教职工积极开展教研科研工作,充分发挥教职工研究的主动性和创造性。

当然,为教师提供良好的工作环境和条件,如先进教学设备和电脑的更新,可躺办公椅等,也是激发教师积极性不可或缺的一环。

第二,营造积极向上的校园文化。

校园文化是学校精神的体现,对教师有着潜移默化的影响。因此,学校努力营造积极向上、团结协作的校园文化氛围。如各部门和年级在《月度人物》评选中的推荐词,让教师们感受到价值感和成就感。每学期的学校诊断是"让学生爱上我们"的真实呈现。"幸福故事我来说"、幸福教育年会通过举办各种文化活动、专题讲座、教育产品推荐会等,引导教师树立正确的教育理念,增强职业认同感和归属感。

第三,赋予教师更多的自主权。

在教育改革的背景下,学校应尊重教师的主体地位,赋予其更多的教学自主权和管理权。每学期的学校诊断、聊吧等都会成为学校为教师"十事实办"的信息来源。学校的组织结构和年级委员会的分工，让更多教师参与学校的决策和管理过程，让他们感受到自己是学校的主人翁。教师个人工作室的建立，教育产品的推荐、教师论坛等，使教师们在教育教学过程中充分发挥自己的才能和创造力，体验到成功的喜悦和价值。"我爱我校"成为学校发展的语言标志。

3.1.2 促进教师的职业成长和能力提升

教师的职业成长和能力提升是实现幸福教师的必要途径。学校为教师提供全方位的职业发展支持。

第一，"优秀教师从研究开始"的理念引导。

"优秀教师从研究开始"是学校一直秉持的教师发展理念。我们认为，研究是提升教师专业素养的关键环节。通过引导教师参与课题研究，不仅可以增强他们的科研能力，还能促进他们发现问题、解决问题的能力的提高。为了实施这一理念，学校定期举办学术研讨会和培训活动，为教师提供丰富的学术资源和交流平台。

第二，"项目制研究+专业成长"的特色教师发展体系构建。

学校构建了"项目制研究+专业成长"的特色教师发展体系，旨在通过具体的项目实践，提升教师的学科素养和综合能力。教师自主选择感兴趣的研究项目，通过与团队成员的密切合作，共同完成研究任务。在研究过程中，教师不仅要面对研究过程中的挑战和困难，还要学会利用各种资源解决问题，这无疑是一种全面提升自身专业素养的历练。同时，学校还注重搭建教师专业成长的平台。《校本研修学分要求》则是通过定期的教师培训、教学观摩、案例分析等活动，帮助教师不断更新教育观念，提高教学技能。此外，学校还为教师提供了丰富的学术资源和交流平台，让他们能够及时了解最新的教育理念和教学方法。

第三，鼓励教师自我反思与评估。

自我反思与评估是教师专业成长的重要环节。学校鼓励教师定期对自己的教学实践进行反思和总结，找出存在的问题和不足，并制定相应的改进措施。学校出台了《教职工的10条工作建议》《教师言行公约26条》，通过这些举措，教师不仅能够不断提升自己的教学水平，还能够增强自我意识和自信心。

第四，搭建教师间的交流与合作平台。

教师间的交流与合作是促进共同成长的有效途径。学校倡导教师之间互相学习和借鉴，定期组织教师交流活动，分享彼此的教学经验和研究成果。在这种氛围中，教师们能够相互取长补短，共同提升。

3.1.3 关注教师的健康与福祉

关注教师的健康与福祉是实现幸福教师的重要保障。学校从多个方面入手，关心教师的工作和生活。

第一，提供身心健康咨询与服务。

学校关注教师的身心健康状况，为他们提供必要的心理健康咨询和身体健康服务。通过定期组织健康检查、开设心理咨询热线等方式，帮助教师缓解工作压力，预防职业倦怠等问题的发生。

第二，营造健康和谐的工作环境。

良好的工作环境是提高教师工作效率和幸福感的重要因素。学校营造健康和谐的工作氛围，鼓励教师之间建立友好互助的关系。同时，注重校园环境的美化和文化建设，为教师提供一个舒适宜人的工作环境。

第三，关注教师的生活需求。

关注教师的生活需求，为教师解决孩子上学、老人看病等实际困难。如食堂提供方便的餐饮服务等，让教师安心从教、乐于从教。

增强教师的幸福感是一项长期且系统的工程，需要我们从多个方面入手。学校通过努力获得海淀区模范职工之家、海淀区教育系统青年文明号等荣誉。学校通过激发教师的积极性和动力、促进教师的职业成长和能力提升以及关注教师的健康与福祉等措施的实施，为教师创造一个更加幸福和满意的工作环境。这不仅有利于提高教师队伍的整体素质和教学质量，还能为学生的全面发展提供有力的保障。

在未来的发展中，我们会继续关注教师的幸福感问题，不断探索和创新工作机制和方法。相信在学校和社会各界的共同努力下，我们一定能够实现"学生在成长中体验快乐，教师在成功中体验幸福"的办学理念，为学生的未来发展奠定坚实的基础。

3.2 能力/改进选聘机制

在传统的聘任方式中，往往是学校单方面决定教师的岗位，教师没有太多的话语权。而双向选择改变了这种局面，调动了教师的积极性。它类似于现在找工作的市场模式。在双向选择中，教师就像求职者，有权利去寻找自己理想的工作岗位。学校的各个岗位就像招聘单位，也有权利挑选最适合岗位的教师。这就好比传统的包办婚姻（传统聘任）和自由恋爱（双向选择）的区别，双方都能更主动地找到最契合自己的对象（岗位和教师的最佳匹配）。

因学校组织结构的变化，2017年学校开始实行"一校两制"，同时也酝酿着人事制度变革的相关事项。

第一，氛围营造。在氛围上，不断地与教师们交流，了解他们的需求、困惑及建议，组织教师外出学习，在各种会议上渗透"双向选择，分层聘任"的概念及理解，提出"做自己的CEO"的口号。用通俗的语言表达专业的概念，"双向选择，分层聘任"就好比在学校这个人才市场里，每个"楼层"（层级）都有自己的招聘标准和岗位要求。比如在教学一线岗位层，可能更注重教学能力和学科知识；在教学管理岗位层，除了教学经验，还会要求有一定的组织协调能力。"双向选择"意味着教师不是被动地被分配岗位，教师可以自己去了解各个岗位的职责、发展机会等情况，然后决定自己想申请哪个层级的哪个岗位。同时，学校会根据岗位所在的层级，对教师进行分类了解。每个岗位的负责人或者招聘团队也会考察教师，看教师是否符合岗位的要求。如果双方都觉得合适，那么这个聘任就能达成，就像相亲时双方都看对眼了，就可以"牵手成功"（达成聘任协议）。

第二，人力资源办公室会根据调研情况，学习上级的各种文件及相关制度，拟定《教职工岗位聘任实施办法》（以下简称《办法》），通过多次的研讨、分组沟通，最终递交教代会审议通过。

第三，全校大会宣讲。分组学习文件，让每一位教职工了解《办法》制定的过程和内容，清楚岗位聘任工作小组成员组成，明确指导思想和聘任原则，清晰聘任条件及适用范围。同时，每周固定时间请起草文件的专业人员、工作小组成员和教代会代表进行答疑解惑。也可利用信息化手段进行组织协调，通过线上会议举行说明会，利用在线问卷系统收集教师的反馈和意见，提高沟通效率。这也是《办法》顺利推进的必经之路。

第四，实施推进。①合理规划岗位数量。根据学校的发展战略和教师队伍的实际情况，科学规划各层级岗位的数量。例如，如果学校计划重点发展某个学科，就要适当增加该学科的高级岗位数量，以吸引和留住优秀人才。②建立岗位动态调整机制，根据教师的流动情况和学校的实际需求，每年对岗位数量和层级进行评估和调整。③聘任工作小组成员包括人事部门工作人员、学科负责人和行政管理人员等，必须明确各自的职责，分工协作完成岗位发布、考核组织、聘任公示等工作。例如，人事部门负责整体流程的策划和协调，学科负责人负责学科相关岗位的考核工作，行政管理人员负责提供后勤支持等。学校会提前公布各个岗位的详细信息，包括岗位的职责等。④意向书。教师根据岗位信息，结合自己的兴趣、能力和职业规划，向自己心仪的岗位提交申请——岗位意向书。这是教师选择岗位的过程。同时，岗位所在的部门或者负责人会对申请该岗位的教师进行筛选，查看相关资料，还会进行面对面的沟通。如果岗位部门或负责人觉得这个教师适合这个岗位，并且教师也愿意接受这个岗位的要求，那么就完成了双向选择，达成聘任。当然，对于一些教师期望选择与自身能力差距较大的岗位，可以设置短期试用环节。例如，对于申请教学管理岗位的教师，可以让他们先参与一个学期的教学管理辅助工作，通过实际工作来检验他们是否真的适合该岗位。在试用结束后，根据工作表现和教师的自我感受，再确定是否正式聘任。

2018年启动《办法》，也是撬动教师内驱力的开端。学校结构变化促进人事制度变革，在分层聘任、双向选择、每个人要"做自己的CEO"的倡导下，教师的理念也在发生变化，干部和教师发展的活力也被大大激发了。

教师有选择，学校也有选择，这是对教师职业兴趣的保护，也是对学校工作队伍的整体优化。教师在工作的过程中享受到工作与兴趣和谐统一的幸福，学校也朝着多维立体的幸福迈进。通过科学合理的选聘标准、完善的流程和公正透明的操作，能够选拔出优秀的教育人才，为学校的发展注入新的活力，从而提高学校的教育质量和综合能力，更好地满足社会对优质教育的需求。

3.3 提升/把梦想变成美好

教师要以终身学习为翼,助力梦想绽放为美好。在教育这片充满希望与挑战的田野上,教师是辛勤耕耘的园丁,更是引领学生追逐梦想的引路人。教师的专业发展,恰似一场永无止境的修行,其核心要义在于终身学习与对梦想的不懈追求。终身学习赋予教师不断更新知识、提升技能的能力,使其在教育变革的浪潮中立于不败之地;而梦想,则是教师内心深处的炽热火种,驱使他们怀揣热忱,将美好的教育愿景转化为学生实实在在的成长与收获。当终身学习与梦想紧密相连,教师便能在专业成长的道路上披荆斩棘,让梦想的花朵在现实的土壤中绚丽绽放,结出丰硕的果实。

教师终身学习的必要性。

身处科技日新月异,社会飞速发展,新的教育理念、教学方法、学科知识层出不穷的时代,教师若想在教育的舞台上持续发光发热,就必须将终身学习作为自己的座右铭。一方面,学生的需求在不断变化,他们渴望获取前沿的知识、多元的思维方式以及与时代接轨的技能。教师唯有通过终身学习,才能紧跟时代的步伐,为学生提供丰富、鲜活、有价值的教育资源,满足他们对知识的渴求。另一方面,教育政策、课程标准等也在不断更新,教师需要不断学习新的教育理论、教学策略,以适应教育改革的要求,提高自己的教育教学质量。终身学习不仅关乎教师个人的成长与进步,更是学校乃至整个教育事业发展的强大动力。一支终身学习的教师队伍,能够为学校注入源源不断的活力与创新精神,推动学校在教育竞争中脱颖而出,实现教育梦想的落地生根。

教学风格的精准塑造。

第一，课堂观察法。课堂是教师展示教学风格的主阵地，也是学生获取知识、培养能力的关键场所。通过课堂观察，可以深入了解教师的教学特点和风格，为教师的专业发展提供有力的依据。

①教学环节观察。在教学环节中，教师如何开启一堂课尤为关键。有的教师擅长用生动的故事、有趣的实验或热点新闻来导入新课，这种趣味性和情境创设的风格，能够迅速吸引学生的注意力，激发他们的学习兴趣。例如，一位物理教师每次上课都以一个简单的生活小实验导入，如用摩擦起电来吸引学生的注意力，这种注重实践和直观教学的风格，让学生在新奇的实验中自然地进入学习状态，为后续的深入学习奠定良好的基础。在讲解过程中，教师的讲解方式也至关重要。有的教师喜欢详细、严谨地推导公式和概念，这种具有逻辑性和系统性的教学风格，有助于学生构建完整的知识体系，培养他们的逻辑思维能力；而有的教师则善于通过类比、举例等通俗易懂的方式讲解知识，如数学教师在讲解函数概念时，通过生活中气温随时间变化的例子来解释函数关系，这种形象化的教学风格，让抽象的数学知识变得直观易懂，更易于学生理解和掌握。互动环节同样重要，教师如何与学生互动，直接影响课堂的氛围和学生的学习效果。有些教师喜欢通过提问引导学生思考，这种启发式的教学风格，能够激发学生的思维活力，培养他们的批判性思维和问题解决能力；有些教师则鼓励学生小组讨论后汇报，这种合作学习式的教学风格，让学生在交流与合作中碰撞出思维的火花，提高他们的团队协作能力和沟通能力；还有些教师可能会让学生通过角色扮演来理解知识，如在英语课堂上，组织学生模拟餐厅点餐等场景，这种体验式的教学风格，让学生在真实的情境中学习语言，提高他们的语言运用能力。总结部分也不容忽视，教师如何帮助学生梳理知识，关系到学生对知识的巩固和深化。有的教师会以简洁的语言概括重点，这种直击要害的教学风格，让学生对所学知识有清晰的认识；有的教师可能会用思维导图的方式呈现，这种图文并茂的教学风格，

有助于学生构建知识网络，加深对知识的理解和记忆。

②课堂氛围观察。课堂活跃程度和秩序性是两个关键指标。有些课堂气氛热烈，学生积极发言、参与活动，这往往是因为教师富有激情、鼓励式教学的风格。如一位语文教师在课堂上用充满感染力的语言引导学生朗诵诗词，学生们在这种氛围下也很兴奋，积极参与朗诵比赛。这种具有激励性的教学风格，让学生在愉悦的氛围中学习，提高了学习的积极性和主动性。而有些教师能够很好地把控课堂节奏和秩序，学生安静听讲、有序回答问题，这体现了教师严谨有序的教学风格。如在实验课上，有的教师能够有条不紊地安排学生分组实验，要求学生严格按照实验步骤操作，保持实验室的安静和整洁，这种有序的教学风格，为学生营造了一个良好的学习环境，有利于他们专注地学习和思考。

第二，学生反馈法。学生是教师教学的直接受益者，他们对教师的教学风格有着最直接的感受和最真实的反馈。通过问卷调查和学生访谈，可以深入了解学生对教师教学风格的看法和建议。

①在问卷调查中，设计的问题应涵盖教师教学方式、课堂氛围、作业布置等多个方面，如"您认为教师讲解知识时，最常用的方式是（　）A. 详细推导　B. 举例说明　C. 直观演示"，"您觉得课堂上师生互动的频率是（　）A. 很高　B. 适中　C. 较低"。通过这样的问题，可以收集到大量具体、量化的数据，为教师改进教学风格提供依据。样本选择时，应注重全面性和代表性，可以选择不同层次、不同学习风格的学生参与问卷调查，按照成绩、性别、班级等因素进行分层抽样，以确保反馈的全面性和客观性。在分析数据时，要关注学生对教师教学风格的总体评价和细节反馈，如大部分学生选择教师讲解知识的方式是"举例说明"，这就说明教师可能具有善于联系实际的教学风格，这种风格有助于学生理解和掌握知识。

②学生访谈则可以更深入地了解学生的个性化需求和对教师教学风格

的具体感受。个体访谈时,选择有代表性的学生进行一对一访谈,访谈内容可以包括学生最喜欢的教学环节、最不适应的教学方式等,如询问学生"你觉得哪种教学方法对你的学习最有帮助?为什么?""你在课堂上什么时候感觉最困惑,与教师的教学方式有关吗?"小组访谈则可以激发学生的思维碰撞,获取更多元的反馈,如在小组访谈中,学生们可能会讨论教师的幽默感对课堂氛围的影响,或者教师的严格要求对学习习惯的塑造作用。这些来自学生的反馈,为教师调整和优化教学风格提供了宝贵的参考。

第三,教师自评法。教师的自我反思和评价是教学风格塑造的重要环节,也是教师专业发展的重要途径。

①通过教学反思记录,教师可以定期回顾自己的教学过程,总结成功的教学方式和需要改进的地方。例如,教师在教学反思中写道:"我发现今天在讲解历史事件时,通过播放纪录片的方式,学生们的注意力更加集中,这种直观的教学方式以后可以多用。"这样的反思有助于教师在今后的教学中不断改进和创新,形成自己独特的教学风格。对教学反思进行分类整理,可以从中梳理出教师经常使用的教学策略和风格特点,如从教师的教学反思中发现某位教师多次提到小组合作学习的有效性,这就表明该教师比较重视合作学习。

②教学风格自评量表则为教师提供了一个系统、全面的自我评价工具,量表内容包括教学理念、教学方法、课堂管理等多个维度,如在教学方法维度方面设置"我经常使用案例教学来帮助学生理解知识( )A. 完全符合 B. 比较符合 C. 不太符合 D. 完全不符合"这样的题目。教师根据自己的实际情况进行自我评价,通过对自评量表的统计分析,可以初步确定教师的教学风格倾向,为教师的专业发展提供清晰的方向。

教师专业发展的支持与保障。

第一,搭建平台。学校是教师专业发展的摇篮,应为教师提供全方位的支持与保障。首先,搭建学习平台是关键。学校定期组织教师培训、教学研讨、学术讲座等活动,邀请教育专家、教学名师来校指导,为教师提供学习新知识、新理念、新方法的机会。例如,第二分校启动的"我与专家对话"活动,多次邀请北师大、首师大及海淀区名师工作站的专家指导团队到校,专家和名师们深入课堂,实地听课并即时点评,为学校的教学诊断和教学管理提出了系统且专业的建议。这种面对面的交流与指导,让教师们受益匪浅,不仅拓宽了他们的视野,也提升了他们的教学水平。其次,营造良好的教学氛围同样重要。学校应鼓励教师之间的相互学习、相互交流、相互合作,形成积极向上的教学氛围。例如,开展教师教学观摩课、教学竞赛等活动,让教师们相互学习、相互借鉴,共同提高。在这样的氛围中,教师们能够感受到来自同事的支持与鼓励,激发他们不断追求专业成长的动力。最后,提供教学资源是学校支持教师专业发展的基础。学校应为教师提供丰富的教学资源,包括图书资料、教学设备、网络资源等,满足教师教学和研究的需要。例如,建立图书资料室(线上和线下课程),提供各种教育理论书籍、教学参考书、学科专业书籍等,供教师阅读学习;配备先进的教学设备,如多媒体教室、实验室等,为教师开展教学实践和教学创新提供支持。

第二,政策支持。学校与上级单位积极沟通,制定符合本校实际、科学合理的教师专业发展政策,明确教师专业发展的目标、内容、途径和方法,为教师的专业发展提供政策支持。例如,出台教师培训政策,规定教师每年必须参加一定学时的培训,确保教师有充足的时间和机会进行专业学习和提升。提供经费保障。加大对教师专业发展的经费投入,为教师培训、教学研究、教学改革等提供经费支持。例如,设立教师专业发展专项资金,用于教师培训、教学研究项目、教学成果奖励等。加强监督和评估。确保教师专业发展政策的落实和教师专业发展质量的提高。例如,建立教师专业发展评估体系，定期对教师的专业发展情况进行评估，及时发现问题并提出改进措施。

教师的专业发展是一场永无止境的逐梦之旅，终身学习是这场旅程中不可或缺的翅膀，而梦想则是指引方向的灯塔。当教师怀揣着对教育事业的热忱与梦想，以终身学习为动力源泉，不断汲取新知识、新理念、新方法，他们的教学实践将愈发丰富多元，教学风格也将愈发鲜明独特。在这样的发展过程中，教师不仅能够实现自身的专业成长，更能够将梦想的种子播撒在学生的心田，引领学生在知识的海洋中畅游、在能力的天空中翱翔，最终让梦想的花朵在每一个学生的生命中绚丽绽放，结出丰硕的果实。让我们共同期待，在教师专业发展的道路上，终身学习与梦想交织出更加美好的教育篇章，为学生的未来、为教育事业的发展贡献更大的力量。

3.4 制度/从美好走向美好

教育是国之大计，教师则是教育事业的核心力量。教师的专业水平直接影响着教学质量以及学生的成长与发展。在学校管理中，完善且合理的制度建设对于推动教师专业水平的提升起着至关重要的作用。一套好的制度，不仅能够为教师的专业成长提供清晰的路径和有力的保障，而且更能营造积极向上的教学氛围，引领教师从现有的良好状态不断迈向更美好的专业境界。学校围绕"制度建设提升教师专业水平"展开深入探讨，在已有诸如月度人物、学术积分、月效益管理办法等举措的基础上，进一步挖掘更多有效的制度"招数"，分析如何助力教师专业发展，实现从美好走向更美好的跨越。

第一，完善培训与学习制度，筑牢专业成长根基。

①制订分层分类的培训计划,精准助力不同阶段的教师发展。教师群体由于教龄、学科背景以及既有专业能力等方面存在差异,其专业发展需求也各不相同。因此,制订分层分类的培训计划是满足多样化需求的关键。对于入职1~3年的新教师而言,他们正处于教学的起步阶段,急需夯实教学基本功,掌握基本的课堂管理技巧。学校组织诸如"新教师基本功训练班"这类的集中培训,内容涵盖教学设计、教学语言规范、板书设计、课堂突发情况应对等。要求新教师在培训后,结合所学内容撰写详细的教学设计案例,并在模拟课堂中进行实践展示,由经验丰富的教师进行点评指导。同时,将参与培训的认真程度、教学设计的质量以及模拟课堂的表现等纳入学术积分考核,督促新教师用心学习、积极实践。对于有一定教龄的骨干教师,他们已经具备了扎实的教学功底,此时更需要拓展教育视野,提升教育科研能力以及课程开发的本领。学校定期邀请教育领域的专家学者来校开展专题讲座,内容聚焦于前沿的教育理念、先进的教学方法以及课程改革的趋势等;并鼓励骨干教师参与课题研究,在实践中探索如何将新的理念与方法融入日常教学,开发出具有本校特色的校本课程。他们参与讲座的出勤情况、在课题研究中的贡献以及校本课程开发的成果等都与月效益管理挂钩,表现优秀者在职称评定、评优评先等方面给予优先考虑,如作为月度人物重点推荐,激励他们持续提升专业素养,发挥引领示范作用。例如,学校针对新教师制订了"青蓝工程"培训计划,为每位新教师配备了教学导师,每周进行一对一的听课指导和教学经验分享。同时,针对骨干教师设立"工作室",组织他们参加高端学术研讨会,分享学习心得,带领学科组开展相关的教学改革实践。通过这样分层分类的培训,不同阶段的教师都能在自己的专业道路上稳步前行,为整体专业水平的提升奠定坚实基础。

②设立专项培训资金与奖励,激发教师自主学习热情。充足的资金支持是教师能够参与高质量培训学习活动的重要保障。学校应在制度层面明

确每年按照一定比例从办学经费中拨出专项资金用于教师培训。这笔资金用于多种培训相关支出，比如报销教师参加校外专业培训的学费、差旅费、住宿费等费用。同时，为了鼓励教师积极主动地去寻求适合自己的学习机会，学校要建立相应的奖励机制。当教师参加完校外培训后，需要向学校提交培训成果汇报，内容可以包括所学的核心知识与技能、对本校教学的启发以及未来拟在教学中应用的计划等。如果教师能够将所学有效应用到实际教学中，取得了诸如学生成绩提升、课堂活跃度提高、教学方法得到广泛认可等明显的教学成效，学校会给予额外的学术积分奖励，并以此激发其他教师主动参与培训、提升专业能力的积极性。

③建立学习共同体制度，营造合作共进的学习氛围。教师之间的合作交流对于专业成长有着不可忽视的促进作用。通过建立学习共同体制度，将教师们按照学科、年级或共同感兴趣的教育教学领域进行分组，形成一个个紧密的项目学习团队。每个项目团队就是一个学习共同体，要有计划地开展研讨活动。活动形式可以多种多样，比如共同学习最新的教育教学理论，围绕某一学科知识点探讨最佳的教学方法，或者针对某一教学单元进行集体备课等。在活动过程中，每位教师都积极参与讨论，分享自己的见解和经验，参与项目可获得相应的学术积分，以此激励教师们积极投入到共同体的学习研讨中。

每学期期末，学校组织学习共同体成果展示活动，各团队通过公开课、教学案例分享、研究报告等形式展示一学期以来的学习成果。对表现优秀的学习共同体及个人进行表彰，颁发荣誉证书，这样的制度能够让教师们在合作中相互学习、相互启发，共同攻克教育教学中的难题，实现专业水平的共同提升。

第二，优化教学评价与反馈制度，找准专业提升方向。

①构建多元教学评价体系，全面客观衡量教师教学质量。单一的教学评价方式往往难以全面、准确地反映教师的教学水平。构建包含同行评

价、专家评价、学生评教、教师自我评价等多元的教学评价体系，能够从多个角度为教师的教学提供反馈，帮助他们更精准地发现自身的优势与不足。同行评价方面，学校制定详细的听课评课制度，要求每位教师每学期至少要听一定数量的其他教师的课，并在课后填写规范的评课表，从教学目标的明确性、教学内容的准确性、教学方法的恰当性、师生互动的有效性等多个维度进行评价打分，同时还要提出具体的改进建议。听课教师的评价情况将作为被评教师教学质量考核的重要参考依据之一，按一定权重计入考核总分。专家评价方面则可以定期邀请校外教育专家进校听课指导。专家凭借其深厚的专业素养和丰富的教学经验，能够站在更高的层面审视教师的教学，发现深层次的问题和潜在的发展方向，引导教师关注教学的专业性和创新性。学生评教也是不可或缺的一环，毕竟学生是教学活动的直接参与者和体验者。学校通过问卷调查、学生座谈会等形式，让学生从教师的教学态度、教学内容的趣味性、教学难度的适宜性等方面对教师进行评价。对于学生反馈的问题，教师要认真对待，及时调整教学策略。教师的自我评价同样重要。教师应定期回顾自己的教学过程，分析教学目标是否达成、教学方法是否有效、学生的学习效果如何等，反思自己在教学中的得失，制订改进计划。这也进一步激励教师更加重视评价反馈，持续优化教学。

②建立定期教学反思与案例分享制度，在反思与交流中不断进步。教学反思是教师专业成长的重要途径，通过对教学实践的深入思考，能够总结经验教训，发现问题并寻求解决之道。学校应建立定期教学反思与案例分享制度，引导教师养成反思的习惯，比如某个教学环节的设计初衷、实际执行效果、遇到的突发情况以及应对方法等。在此基础上，选取具有代表性的教学案例进行深入分析，探讨教学策略的合理性、学生的学习反应以及如何进一步优化等问题。学校定期组织教学分享会，教师轮流上台分享自己精心准备的教学案例。分享过程中，不仅要阐述案例的具体情况，

还要分享自己的反思心得以及后续的改进措施。台下的教师们可以进行互动提问、讨论交流，共同从案例中吸取经验教训。对于分享的案例质量高、反思深刻且能引发广泛共鸣和具有借鉴价值的教师，学校给予学术积分奖励，评优评先时优先推荐这些善于反思、乐于分享的教师，在全校营造积极反思、共同进步的良好氛围。例如，一位物理教师在教学反思中记录了一次实验课上学生操作不规范导致实验结果不理想的情况，通过深入反思，他意识到自己在实验前的指导不够细致，没有充分考虑到学生可能出现的问题。在案例分享会上分享后，引起了其他理科教师的关注和讨论，大家纷纷分享自己在实验教学中的类似经历和解决办法，这位物理教师从中收获颇丰，在后续的实验课教学中提前做好了更充分的准备，学生的实验效果明显好转，教师自身的教学专业水平也得到了提升。

第三，强化教育科研激励制度，拓展专业发展深度。

①课题研究支持与奖励：鼓励教师积极投身科研探索。课题研究是教师提升教育科研能力、深化对教育教学规律认识的重要方式。学校制定完善的课题研究管理制度，为教师开展课题研究提供全方位的支持。在课题申报阶段，学校组织专家团队为教师提供申报指导，帮助教师梳理研究思路、明确研究目标、撰写规范的课题申报书。对于成功立项的课题，根据课题的级别（校级、区级、市级及以上）给予不同程度的经费保障，使课题研究过程中有足够的资金用于资料收集、调研、数据分析等方面。此时，学校还设立课题研究专项奖励机制。对于课题成功立项的教师团队，给予一定的学术积分奖励，作为对他们前期准备工作的认可。在课题研究过程中，如果教师能够按照研究计划高质量地完成阶段性任务，如按时提交研究报告、发表阶段性研究成果等，将再次给予相应的学术积分奖励。而当课题顺利结题时，根据课题成果的质量（如创新性、实践应用价值等），给予更丰厚的奖励，包括高额的学术积分、荣誉证书以及一定的物质奖励等。对于在课题研究中发挥核心引领作用的教师，在月度人物评

选、职称评定等方面给予优先考虑，以此激励更多教师积极参与课题研究，提升科研水平。

②建立论文发表与成果推广激励制度，促进教师总结经验与分享成果。撰写教育教学论文是教师将实践经验上升为理论成果的重要手段，也是展示自身专业水平的有效方式。学校应通过制度激励教师积极撰写论文，并向正规刊物投稿发表。明确在不同级别刊物（如核心期刊、省级期刊、市级期刊等）发表论文对应的学术积分标准，且积分可以逐年累计，当达到一定分值后，教师可以享受相应的福利，如优先晋升职称、获得更多的教学资源配置。同时，对于教师的优秀教学成果（如独特的教学模式、自制的优质教学资源、有效的教育教学策略等），学校要积极搭建平台，帮助其在校内乃至区域内进行推广。例如，可以通过举办成果展示会、组织经验交流会、推荐教师到其他学校讲学等方式，扩大优秀成果的影响力。对于推广效果好的教师，同样给予学术积分奖励、荣誉证书以及物质奖励等，激励教师不断总结实践经验，形成可推广的成果，在分享交流中进一步提升专业素养。

第四，构建教师专业成长档案与跟踪制度，全程护航专业发展。

①建立个人专业成长档案，记录专业发展轨迹。通过学术积分，为每位教师建立专业成长档案，就如同为教师绘制了一幅专业成长的"地图"，能够清晰地呈现其一路走来的点点滴滴。档案内容涵盖教师的基本信息，教学业绩，培训经历，课题研究成果（参与或主持的课题名称、级别、结题情况等），论文发表情况（发表论文的题目、刊物名称、发表时间等），获得的荣誉等各个方面。教师要定期主动上传相关资料到档案中，同时学校安排专人负责审核与整理，确保档案信息的真实性和完整性。通过查看专业成长档案，教师可以回顾总结自己的成长历程，清晰地看到自己在哪些方面取得了进步、哪些方面还存在不足，从而有针对性地制订下一步的发展计划。学校管理者也能全面了解每位教师的发展情况，为教师的岗位

调配、专业指导、资源分配等提供有力依据，并且在评选月度人物、确定学术积分增长情况等方面，专业成长档案也是重要的参考资料。

②实施一对一专业成长跟踪，提供个性化发展指导。为了更精准地帮助教师提升专业水平，学校安排教学管理人员或学科带头人、骨干教师进行一对一的专业成长指导。定期开展交流沟通，深入了解教师在专业发展过程中的困惑与需求，比如有的教师可能在教学方法创新上遇到瓶颈，有的教师则对教育科研不知从何入手等。针对这些问题，共同制订下一阶段的具体成长计划，明确教师需要努力的方向和要达成的目标，如在一定时间内尝试一种新的教学方法并进行效果评估，或者完成一篇教学论文的撰写等。在指导过程中，密切关注教师的计划执行情况，及时给予指导和提出建议，教师也要主动反馈进展情况和遇到的新问题。对于进步明显的教师，在各类评优评先、效益管理以及教学资源分配等方面予以体现和奖励，让教师切实感受到学校对其专业成长的重视和支持，激发他们持续进步的动力。例如，一名年轻的语文教师在一对一专业成长指导中向学科带头人反映自己在文言文教学方面感觉力不从心，教学效果不理想。学科带头人根据他的情况，为他制订了详细的学习提升计划，推荐了相关的专业书籍和优质教学案例让他学习借鉴，并指导他进行课堂教学改进。经过几个月的努力，这位年轻教师的文言文教学水平有了显著提高，学生的学习成绩和兴趣都得到了提升，也更坚定了他继续提升专业水平的决心。

第五，建立师徒结对制度，传承与辐射专业力量。

师徒结对，共促成长。对于新入职教师或专业发展有进一步提升需求的教师来说，经验丰富的教师的言传身教往往能起到事半功倍的引导作用。通过师徒结对制度，能够很好地发挥这种传帮带的优势。学校制定了详细且切实可行的师徒结对帮扶制度细则。首先，在师徒的选拔与配对方面，需建立一套科学合理的机制。对于师傅的选拔，要综合考量教师的教学水平、师德师风等多方面因素，选拔出一批德才兼备的骨干教师作为师傅候选人。然后，根据情况，进行合理配对，确保师徒双方在教学工作中有较多的契合点，便于交流与指导。其次，明确师徒双方各自的职责。对于师傅而言，听课过程中要详细记录徒弟教学过程中的优点与不足，并在课后及时给予全面且有针对性的反馈，帮助徒弟改进教学方法、提升教学效果。师傅还要帮助徒弟制订科学合理的教学计划，结合徒弟的教学风格、所教学生特点等因素，指导其规划教学内容、教学进度以及教学目标等。此外，师傅需传授自身积累的教学技巧，像如何巧妙地导入新课、如何营造活跃的课堂氛围、如何处理课堂中的突发情况等，通过示范课、日常交流等形式，让徒弟能切实掌握并运用这些技巧。而徒弟这一方，要主动向师傅请教，交流教学工作中的困惑与心得，虚心接受师傅的建议，积极调整自己的教学行为。徒弟要跟班听课，学习师傅的教学思路、教学设计以及课堂管理方式等，并做好听课笔记，课后认真总结反思。同时，徒弟要认真完成师傅布置的教学实践任务，如教学设计修改、公开课教学等，通过实践不断提升自己的教学能力。最后，设立考核评估机制。每学年末，对师徒结对的成效进行全面考核。内容包括徒弟在教学能力方面的进步程度，师傅对徒弟的指导建议是否有效落实等。对于表现优秀的师徒组合，给予双方相应的学术积分奖励。师徒结对制度，能够帮助新教师更快地适应教学工作，强化传帮带作用，促进教师整体专业水平的提升。

围绕教师发展、提升教师的职业幸福感等因素，学校发布和实施多个具有激励性的机制后，教职工的评价体系逐渐完善，教职工工作的积极性、创造性大幅度提升。

从美好走向美好，学校制度建设既是桥梁，也是动力，为学校教育的持续发展注入源源不断的活力，为培养更多优秀人才创造更加优越的环境。

● 案例

人物评选

为了寻找教职工工作中的不平凡,强化"责任"与"使命"核心价值观,充分挖掘广大教职工中的先进典型,发挥榜样的模范示范作用,构建和谐校园,形成第二分校新优质创建路上的推动力,学校在全体教职工中开展了月度责任人物、月度"特"人物、月度"发现"人物、月度星级班级班主任、学生喜欢的班主任等各类评选活动。这些评选活动给予教师成长的力量,也使得教师对学校核心价值的认同感在一次次的表彰中慢慢浸润和深入。

1. 月度责任人物评选

月度责任人物的评选内容主要包括:①责任心人物:恪守职业道德、加强自身修养;遵守校规校纪、规范教育行为;牢记教育职责、促进学生成长;注重个人名誉、塑造公众形象。以饱满的热情、负责的态度,全身心投入本职工作中。②责任感人物:学校发展路上,不贪维稳之功、不惧改革之难、不阻进步之路,勤于学习,善于反思,与时俱进,迎难而上,敢于创新。③责任力人物:出现问题就积极想办法解决,而不是观望等待,始终保持"马上就办"的精神状态,弘扬"真抓实干"的优良作风,坚持"末端落实"的事业追求,秉持"实干兴校"的坚定信念。

教育研究中心确定相关的组织机构和评审规则,成立了工作小组,负责对各部门候选人的推荐、遴选、审查工作,对候选人及事迹形成初步材料并组织上报等工作。

2. 月度"发现"人物/团队评选

学校月度"发现"人物/团队以"讲好我们的故事,让学生爱上我们"为主题,用心发现阳光型、智慧型幸福教师人物,深入挖掘教职员工中展现年级、中心文化的故事,宣传典型案例与事迹,传播正能量。

时至今日,八年中,月度"特"人物评选活动极大程度地激励了教师的积极性，激发了教师活力，促进了教师的全面发展，越来越多的教师被评为月度人物。

根据学校发展规划，月度"发现"人物/团队推荐，紧扣学校"求索、幸福"核心价值观，推介体现和传承组织文化中的个人、团队。全体教职工呈现出爱岗敬业、智慧奉献的职业精神，协同合作的团队意识、大局意识，科学摸索、善于创新的工作态度，注重细节、追求完美的工作作风。
（殷晶淼、王丽）

3.5 研修/破融难题　成就精彩

在当今教育的宏大舞台上，学校研修宛如一颗璀璨的明珠，承载着提升教育质量、助力教师专业发展以及推动学校整体进步的重要使命，其光芒正愈发耀眼，成为教育领域不可或缺的关键环节。然而，现实的研修之旅却并非一帆风顺，犹如在布满荆棘的道路上艰难前行，诸多融合难题如拦路虎般横亘在前，考验着每位教育工作者的智慧与毅力。如何巧妙地突破这些难题，让研修绽放出应有的光彩，已然成为教育界共同关注且亟待攻克的重要课题。

第一，以科研为导向，奠定研修基础。秉持"文化立校，科研强校"的发展战略以及"主题发展，整体推进"的行动策略，我们深知引导教师朝着科研型教师的方向迈进，不仅是提升教师职业幸福感的重要途径，更是为学校研修筑牢根基的关键之举。为此，学校积极倡导教师树立"问题即课题、行动即研究、改进即成果"的行动研究意识，鼓励大家立足教学实际，敏锐捕捉工作中的各类问题，并将其转化为课题进行深入研究。通过这种方式，让教师们切实扎根于日常教学，真正做到在教中研、研中教，形成以教催生研、以研提升教的良性循环，有效提高教师的研究水平，加速其专业化成长进程。同时，学校还配套实施了教师教科研荣誉积分制度，用激励机制点燃教师参与科研活动的热情，进一步增强教师参与课题研究的积极性与主动性。

第二，加强教研组织建设，营造学习型文化氛围。为了给研修工作提供坚实的组织保障，学校匠心打造了"项目制研究+专业成长"特色教师发展体系。以教研组为核心单位，围绕学科三年规划和教研组文化建设这两个重要着力点，聚焦"核心素养"，深入研讨各年级教学要点及目标，精心制定全面且科学的教学目标体系与执行标准，用心编制《教研组学科纲要》，严谨规划本教研组的《学科三年规划》，全力塑造具有本校特色的教研组文化。在此基础上，学校致力于构建以教研组为单位的"学习型组织"。各学科教研组、备课组作为校本研修的基层力量，肩负着组织、实施研修活动的重要使命。教研组长与骨干教师更是以身作则，承担起培训与展示的关键任务，通过构建学习和资源共享机制，大力弘扬团队学习与共同合作的精神，努力将教研组打造成既能助力学校实现发展目标，又能充分展现教师个人价值的学习型团队，确保教研组在研修工作中实现可持续发展，为破解融合难题营造浓厚的学习氛围。

第三，发挥教研组长引领作用，提升研修高度。随着教育环境的日新月异，传统教学模式的弊端日益暴露，教学改革已然成为教育发展的必然趋势，也成为教师个体谋求成长与突破的内在需求。在此背景下，学校充分认识到教研组长、区级骨干以及学科带头人在引领研修工作中的关键作用。为了让教研活动更具深度和实效，学校采取了一系列有力举措。定期召开教研组长会议，每次会议都设定贴合教学实际的核心主题，为各学科教研及教学工作搭建起共商、共建、共享的沟通平台，有力促进教师之间的思想碰撞与经验交流，推动教师专业发展。同时，开设教研组长论坛、开展教研组长培训等活动，一方面助力教研组长不断提升自身专业素养，另一方面充分发挥他们在团队中的引领示范作用，带动全体教师积极参与研修。

● 案例

在"关于国家课程校本化实施"的研讨中，教育研究中心牵头，组织全体教研组长及相关人员与外部专家共同探讨。围绕学校"求知、向善、内省、外观"四大主题中的"求知"课程，专家与教师们深入交流，针对基础型、拓展型、研究型等多方面课程内容，共同研究如何更好地将国家课程与本校实际相结合，专家对教师们提出的诸多问题一一耐心解答。培训过程中，大家以探究、讨论、讲解相结合的方式，畅所欲言，就课程安排、学科协调、课程建设思路以及如何服务中高考等关键问题展开热烈讨论。此外，围绕"课程研讨促发展，课堂评价保质量"这一主题开展教研组长系列论坛活动。论坛分为两个重要环节，先是教研组长按学科顺序发言，分享课程体系设置、课堂评价方法以及帮助学生学会听课等方面的经验与思考；而后专家进行深入分析，提出"横向拓展，纵向拔高"等建设性意见，强调要根据学生的不同层次构建差异化的教学体系，避免教学内容缺乏针对性导致的学生学习问题，让课程与教学更贴合学生的认知水平，实现教学效果的最大化。（李平）

各学科教研组也在这一引领下积极实践，如语文教研组开发的图片作文、中国二十四节气、成语故事与戏剧表演、春天里的一百首诗等校本课程，既彰显了人文特色，又在辅助中高考方面发挥了积极作用，深受学生喜爱，也得到了区教研专家的认可；物理教研组围绕"让学生动起来"的目标，精心设计教学活动，转变教师角色，以学生为中心备课，引导学生在主动参与和探究中学习，学生成绩稳步提升；其他学科教研组同样依据学生特点实施分层教学，尊重学生个体差异，采用不同教学策略，整体提升教学质量。

第四，开展专业培训，助力教师课题研究能力提升。秉持"人人有项目"的理念，学校大力推进项目制教育教学管理改革，旨在拓宽教师参与管理的路径，让教师成为主动的管理者，最终实现教师与学生的共同成长。为了让教师更好地投入课题研究工作，学校多次组织开展关于项目选题、论证以及开展研究等方面的专业培训，从科研课题或项目的意义、内涵以及实施方法等多个角度，为教师们提供了全面且深入的专业指导。通过参与这些培训，教师们以项目为载体，系统培养构思、设计、实施和运行的综合能力，真正践行"做中学"的教学方法，整合课程关联，提升综合运用能力，同时促进自身主动思考与自主学习，增强可持续发展能力。不仅如此，为进一步帮助青年教师将教学思考转化为有价值的课题研究，提升课题申报及评审书撰写的规范性，学校特邀海淀区教育科学研究院的专家开展教育科研课题申报专题辅导课程。专家围绕"选题的方法""国内外研究现状""关键问题和拟创新点""研究目标的确立"以及"研究基础"等关键内容进行详细讲解，教师们受益匪浅，纷纷表示将以课题为依托，扎实开展教学研究，以提升教育教学品质，助力学校内涵建设。

第五，开展项目论证答辩会，扎实推进研修工作。学校高度重视项目的规划立项工作，教育研究中心精心组织开展多轮项目论证答辩会，对各环节进行细致的统筹安排与部署，涵盖布置动员、个人申报、初审与修改、专家评审等工作流程。在已开展的三批答辩会中，校内个人申报的13个项目各有侧重，分别涉及课堂课程建设、行政管理与后勤服务、学生活动等不同领域，均按照"申报个人陈述—专家提问—答辩"的规范流程有序推进。在评审过程中，项目负责人详细汇报项目的各项关键信息，评审专家依据学校总体规划，结合实际软硬件条件、人员配备以及各部门需求，对项目的必要性、可行性进行全面评估，针对建设目标、内容、经费概算等方面给出专业评审意见，并针对不足之处提出精准指导建议。专家组高屋建瓴的指导，让参与项目的教师们豁然开朗、信心倍增，为项目的顺利实施奠定了坚实基础。经过不懈努力，学校通过实施项目负责制，两年内"人人有项目"的参与人次已占到全体教师总数的91.2%，有力带动了教育教学队伍及整体工作的显著提升，充分彰显了研修工作在学校发展中的重要作用。

总之，学校研修虽面临诸多融合难题，但只要我们教育工作者秉持创新精神，不断探索研修新理念、新方法，密切关注教师需求，积极整合各类资源，坚定不移地推动研修工作向纵深发展，就一定能够突破重重难关，成就教育的精彩篇章，为学生的未来铺就坚实的成长之路，绽放更加绚丽的光彩。

第4章 仁爱/构建特色课程实例

4.1 多元/课程评价模式的创新

在当今教育领域,课程建设与评价的重要性日益凸显,其关乎着教育质量的提升以及学生的全面发展。随着教育理念的不断更新,传统单一的课程评价模式已难以满足复杂多变的教育需求。学校作为教育的主阵地,积极探索创新课程评价模式成为推动课程持续优化、助力学生成长的关键环节。在此背景下,第二分校历经六年的不懈探索,使课程建设从1.0逐步升级到2.0,最终确立了"和合"人文生态特色课程体系,并围绕其搭建起一套以学生为中心的课程评价模式,通过多元、立体、生态的评价方式,为课程发展注入新的活力,也为学生的学习与成长提供更科学、更全面的评价保障。

评价是一个过程。以学生的需求和能力提升为本位的课程评价模式将评价视为一个系统且连贯的过程。首先,要对学生的发展需求进行全面且深入的评估,这是后续一切评价与课程设置的基础。只有精准把握学生当前的知识水平、学习能力、兴趣爱好以及未来发展期望等多方面需求,才能制定出贴合学生实际情况的合理课程与教学目标。其次，在课程实施过程中，形成性评价（质性）发挥着重要作用，它关注学生在学习过程中的点滴表现、知识掌握程度的变化、技能的逐步提升以及情感态度价值观的发展等，通过课堂观察、学习日志、项目作业等质性的评价手段，及时反馈学生的学习进展情况，为教师调整教学策略提供依据。而总结性评价（量性）则是在特定阶段，如学期末、课程结束时，通过考试、测验等量化的方式，对学生的学习成果进行总体衡量，判断学生是否达到了预设的教学目标。例如，在语文写作课程中，教师起初通过问卷、学生作品分析等方式了解学生的写作基础与兴趣点，进而制定出提高学生写作不同体裁的能力、丰富写作技巧、培养文学素养等具体目标。在教学过程中，教师会定期查看学生的写作练习日志，观察他们在课堂讨论、小组合作写作中的表现（形成性评价），到学期末通过作文考试成绩、发表作品数量等量化指标来综合评定学生的写作水平提升情况（总结性评价）。

评价过程并非一成不变，而是需要对信息、数据等的收集进行不断地调控、修改和完善。在课程实施期间，无论是学生的学习状态、学习能力，还是外部教育环境等都会发生变化，这就要求评价机制能够动态地适应这些改变。教师需要根据学生课堂参与度的变化、作业完成质量的波动以及新知识接受程度的差异等反馈信息，及时调整评价的重点、方式以及所收集的数据类型。例如，在数学课程中，发现学生对某一章节的几何知识理解困难，教师就会增加课堂提问、小组探究等互动环节的观察记录（调整信息收集方式），并将这些反馈纳入到对学生学习过程的评价中，同时相应地修改后续教学计划，增加专项练习、补充讲解案例等，以更好地帮助学生掌握知识，确保评价与教学始终围绕学生的实际学习情况动态推进。

基于评价结果的课程调整。根据评价结果考量所设置的具体目标系统与实际效果之间的差距，是课程持续优化的关键环节。当通过各类评价手段发现学生在某些教学目标的达成上存在明显差距时,就需要对课程内容、实施等方面进行有针对性地调整。比如,在科学实验课程中,如果在评价中发现大部分学生操作不够熟练、对实验原理理解不透彻,达不到原本设定的学生实验操作技能提升目标,教师就会对课程内容进行优化,增加实验操作的示范次数、补充实验原理讲解的深度,或者改变实施方式,采用小组竞赛、一对一帮扶等形式,强化学生的实践操作能力,使课程更有效地服务于学生的能力提升。

第一,以学生为中心的重要性体现。

以学生为中心构建课程评价模式,是顺应现代教育发展趋势的必然选择。学生是学习的主体,他们有着不同的学习风格、学习节奏和发展潜力。传统的课程评价往往侧重于教师的教学效果或者课程本身的知识体系完整性,容易忽视学生个体的体验和成长。而"以学生为中心"的评价模式,更加关注学生在学习过程中的获得感、成就感以及能力的切实提升。例如,在艺术课程中,有的学生擅长绘画,有的学生对音乐更有感悟,通过以学生为中心的评价,能够针对每个学生在艺术领域的不同表现和进步情况进行个性化的评价,鼓励他们发挥特长,弥补不足,真正实现因材施教,促进学生在自己擅长或感兴趣的方向上深入发展,激发学生的学习积极性和主动性,让课程更好地服务于学生的全面成长。

第二,"多元、立体、生态"课程评价的实施。

①评价主体的多元化。学生自评是让学生对自己的学习过程和成果进行评价的重要方式。在这个过程中,学生能够反思自己的学习方法是否得当、学习目标是否达成以及自身在知识掌握、技能提升等方面的优点与不足。例如,在英语学习中,学生可以通过记录自己每天的单词背诵量、口语练习时长、阅读理解的准确率等,定期回顾并分析自己在不同板块的进步情况和不足,进而主动寻求解决办法,如查阅资料、请教老师或同学等。这种自评方式有助于培养学生的自主学习意识和自我管理能力,让他

们成为学习的主人，主动参与到学习的监控与调整中。学生之间的互评也是课程评价体系中不可或缺的一环。如在班会上，班主任组织全班学生通过互评表的形式进行互评。在互评过程中，学生们能够从不同角度观察和评价同伴的学习表现，这不仅使他们更加全面地认识自己、认识他人，还能促进学生之间的交流与合作。比如在小组合作完成一个历史课题研究时，学生们可以互相评价各自在资料收集、观点阐述、团队协作等方面的表现。思考、判断对方观点对错的过程，也是学生对所学知识进行巩固的过程，能够使自己对历史知识的理解更加深入，掌握得更加牢固。同时，互评还能培养学生的批判性思维和团队合作精神，营造积极向上的学习氛围。教师评价在整个评价体系中起着主导作用。教师凭借其专业知识和教学经验，能够从更宏观、更专业的角度对学生的学习进行全面评价。教师不仅关注学生的学习成绩，还会考量学生在学习态度、学习方法、思维能力、创新能力等多个维度上的表现。例如，在物理课堂上，教师会根据学生在实验操作中的规范性、对物理原理的理解深度、提出问题和解决问题的能力等方面进行综合评价，及时给予学生肯定和鼓励，指出存在的问题和改进方向，引导学生不断提升物理学习水平，促进学生全面发展。

②评价内容的多元化。对课程标准的评价着重考察其是否符合国家的教育方针和要求。课程标准是课程实施的纲领性文件，它规定了课程的性质、目标、内容框架等重要方面。例如，在道德与法治课程中，课程标准需要紧密围绕国家对于培养学生正确价值观、法治观念以及社会责任感等方面的要求来制定，确保课程能够引导学生树立正确的世界观、人生观和价值观，培养符合社会主义建设需要的合格人才。对教学安排的评价着重点在于其合理性以及内容体系的科学性问题。合理的教学安排要考虑到教学内容的难易程度是否循序渐进、教学时间的分配是否得当、教学环节的衔接是否流畅等。以数学课程为例，在教授函数这一重要知识点时，要先从简单的一次函数入手，逐步过渡到二次函数、反比例函数等，每个阶段

安排适量的课时,保证学生有足够的时间理解和掌握,同时在课堂导入、新知识讲解、例题练习、课堂小结等环节合理过渡,形成一个科学有序的教学体系,这样的教学安排才能更好地帮助学生学习数学知识。课程实施评价侧重于教学效果与效益。教师实施课程的教学活动包括备课、上课、课外辅导、作业评改指导和考查考试等环节。此外,还包括为适应学生不同的需要,对课程所做的补充、删节,以及对教学环节、方法、策略、媒体的调节和运用。比如在语文阅读课程中,教师备课要充分考虑不同层次学生的阅读能力,选择合适的阅读文本;上课过程中运用多样化的教学方法,如小组讨论、角色扮演等,激发学生的阅读兴趣;课外辅导针对阅读困难的学生进行个性化指导;作业评改注重反馈阅读技巧的掌握情况;考查考试则全面考查学生的阅读理解、分析和表达能力等,通过这些方面的综合实施来提升教学效果,让课程真正惠及每位学生。课程实施涵盖了教师实施课程的教学活动和学生学习课程的活动两个方面,二者相互关联、相互影响。教师在教学活动中实施的每一个环节都直接关系到学生的学习体验和学习效果。例如,在信息技术课程中,教师在备课阶段要准备好丰富且实用的教学案例,让学生更好地理解抽象的编程概念;上课时采用项目式教学,引导学生分组完成一个小型软件的开发,锻炼他们的实践操作能力;课外辅导时帮助学生解决在编程过程中遇到的技术难题;作业评改关注代码的规范性和逻辑的严谨性;考查考试则考查学生对编程语言的掌握程度以及运用编程解决实际问题的能力。同时,学生在学习课程活动中的参与度、学习态度、知识掌握情况等也反馈着课程实施的效果,只有教师和学生在课程实施过程中形成良好的互动与配合,才能实现课程目标,提升课程质量。

③评价方式的多元化。质性评价强调通过观察、访谈、案例分析、学习日志等非量化的方式深入了解学生的学习过程和学习体验。例如,在美术课程中,教师通过观察学生在课堂上绘画的过程,包括构图的思路、色

彩的运用、笔触的表现等，了解学生的艺术创造力和审美水平；通过与学生的访谈，知晓他们对不同艺术风格的喜好以及创作背后的想法；分析学生的美术作品案例，发现其在艺术表现上的特点和进步空间；查看学生的学习日志，掌握他们在美术学习过程中的情感体验和遇到的困难等。质性评价能够捕捉到学生学习中那些难以用数字衡量的方面，为全面评价学生提供丰富且生动的信息。量性评价则主要借助考试、测验、成绩排名等量化的数据来衡量学生的学习成果。比如在化学课程中，通过定期的单元测验、期中期末考试等，以分数的形式直观呈现学生对化学知识的掌握程度，通过成绩排名了解学生在班级中的相对位置，进而分析学生对不同知识点的掌握情况，判断教学效果是否达到预期。量性评价具有客观性、标准化的特点，能够在一定程度上为教师和学生提供清晰的学习情况参照。在实际的课程评价中，将质性评价与量性评价相结合是十分必要的。质性评价可以弥补量性评价在关注学生情感、态度等方面的不足，而量性评价则为质性评价提供了一种可对比、可衡量的参照，二者相辅相成，共同构建起全面、科学的课程评价体系。

第三，"和合"人文生态特色课程评价的特点与价值。

①关注个体差异，重视学生综合素质的发展。"和合"人文生态特色课程评价体系充分认识到学生个体之间的差异，摒弃了一刀切的评价方式。每个学生都有自己独特的学习风格、兴趣爱好和发展潜力，评价过程中注重挖掘学生在不同方面的闪光点，无论是学术知识的掌握、艺术特长的展现，还是在人际交往、社会责任感等综合素质方面的表现，都会被纳入评价范畴。例如，在综合实践课程中，有的学生擅长组织协调，在小组活动中能够很好地带领团队完成任务；有的学生富有创意，总能提出新颖的想法和解决方案。评价体系会对这些不同的优势给予肯定和鼓励，引导学生在各自擅长的领域不断发展，同时也注重培养学生其他方面的能力，促进学生综合素质的全面提升。

②强调质性评价,定性与定量相结合,实现评价方法的多样化。该课程评价体系强调质性评价的重要性,通过多样化的质性评价手段深入了解学生的学习过程和内在体验,同时又不忽视量性评价的客观性和标准化优势,将二者有机结合。比如在体育课程中,一方面,对学生在课堂上的运动技能表现、参与体育活动的积极性、团队协作精神等质性方面进行评价;另一方面,对体育测试中的各项成绩指标,如跑步速度、跳远距离、篮球投篮命中率等量化数据进行综合考量,使评价结果更加全面、准确地反映学生的体育学习情况,为后续的教学改进和学生的针对性训练提供可靠依据。

③强调参与与互动、自评与他评相结合,实现评价主体的多元化。"和合"人文生态特色课程评价鼓励学生积极参与到评价过程中,形成自评、他评和师评相结合的多元主体评价模式。在课堂讨论、小组项目等学习活动中,学生先进行自我评价,分析自己的贡献与不足;然后同伴之间相互评价,分享彼此的看法和建议;最后教师进行专业的评价和总结,从不同角度为学生提供反馈。这种多元主体的评价互动,不仅让学生从多个视角认识自己的学习情况,还增强了学生之间、师生之间的交流与合作,营造了积极健康的学习氛围,促进了教学相长。

④注重学生的学习过程,终结性评价与形成性评价相结合。评价体系重视学生在整个学习过程中的点滴进步和表现,将终结性评价(如课程结业考核等)与形成性评价(如课堂表现、作业完成情况、阶段性项目成果等)有机结合起来。以音乐课程为例,在学期中,教师会关注学生在每一次课堂演唱、乐器演奏练习中的表现,及时给予指导和反馈,这是形成性评价;到学期末,通过音乐会表演、乐理知识考核等终结性评价方式综合评定学生的音乐学习水平。这种结合方式能够更全面地反映学生的学习轨迹,避免了仅凭一次考试成绩来评判学生学习成果的片面性,有助于学生在学习过程中不断调整学习策略,持续提升学习效果。

"以学生为中心"的"多元""立体""生态"课程评价体系的实施，为"和合"人文生态特色课程的进一步推进提供了更加科学的保障，能促进"和合"人文生态特色课程的发展与改进。它使课程能够根据学生的实际需求和学习反馈不断优化，更好地适应不同学生的成长需求，培养出具有创新精神、实践能力和良好综合素质的新时代人才。

多元课程评价模式的创新是教育发展的必然要求，学校构建的以学生为中心的"多元""立体""生态"课程评价体系，在遵循以学生为中心的评价准则基础上，通过实现评价主体、评价内容和评价方式的多元化，展现出关注个体差异、重视综合素质发展等诸多特点，为"和合"人文生态特色课程乃至整个学校的课程建设与发展注入了强大动力。在未来的教育实践中，我们将继续探索和完善这一评价体系，使其更好地服务于学生的成长和教育质量的提升。

总之，课程评价模式的创新任重道远，需要我们教育工作者不断地实践、反思与改进，以适应不断变化的教育环境和学生日益多样化的学习需求，让课程评价真正成为促进课程发展、助力学生成才的有力工具。

4.2 互动/缤纷炫彩的学生节

当今教育领域，"立德树人"与"学科育人"的理念深入人心，它们如同一座座灯塔，指引着学校教育教学工作的方向。学校在构建"和合"人文生态特色课程体系的进程中，积极践行这些理念，致力于激励并引领广大师生弘扬中华传统文化，不断丰富"和合"人文生态特色课程群，为学生打造多元化且富有深度的成长平台。通过组织开展一系列丰富、有趣、充满挑战又健康有益的体验活动，全方位锻炼学生的综合能力；借助小组合作幸福积分机制，着力建设富有凝聚力和协作精神的团队；凭借文明参赛、尊重规则的要求，培养学生的规则意识，为守护校园文明、塑造学生未来奠定坚实基础。同时，将习惯训练活动、传承传统精粹与艺术教育有机融合，旨在全面提升学生综合素质，极大地丰富学生的校园生活，充分展现第二分校学子"知书达理、内外兼修"的独特风采。

第二分校自2017年举办首届学生节以来，秉持着精益求精、不断创新的原则，每隔一年举办一次学生节或学科节，截至2024年底已成功举办四届。学生节历时一天，犹如一场精彩纷呈的校园盛宴，让参与其中的学生、教师以及家长们收获满满，并留下了深刻且美好的回忆，成为校园生活中一抹绚丽多彩的亮色。

第一，因时因势的特色主题：紧扣时代脉搏，激发参与热情。每届学生节之所以能够深入人心，其关键因素之一在于各具特色且紧扣时代脉络的主题设置。主题经过学生调研、投票决定，因时因势，紧密贴合当下时代的发展脉搏、社会的热点话题以及学生群体的实际需求。它们就如同一个个精准的指南针，为学生们在探索知识、提升自我以及感悟成长的道路上，清晰且坚定地指明方向。2017年的第一届学生节，以"跑向春天的旋律"为主题，其关键词涵盖了"有趣味、有合作；有选择、有挑战；有意义、有收获"，特别关注"友善、文明、规则、环境"等方面，更是响亮地提出"我的节日我做主！我的校园我守护！"口号。这一主题充分考虑学生对于校园生活的期望，通过积极参与、友好合作，收获成长与快乐，同时强化对校园文明和环境的守护意识。2019年举办的第二届学生节，以"我和我的祖国——青春"为主题，当时正值国家发展蒸蒸日上、爱国主义教育愈发重要的时期，该主题旨在引导学生将个人的青春活力与对祖国的热爱紧密相连，让学生在丰富多彩的活动中，深刻体会到青春的价值与意义，激发他们为祖国的繁荣贡献力量的热情。2021年第三届学生节，"传承中华文化，献礼建党百年"的主题应时而出。在建党百年的重大历史节点，通过学生节这一载体，鼓励学生深入挖掘中华优秀传统文化的瑰宝，在传承文化的过程中，铭记党的光辉历史，感悟党的初心使命，用实际行动为建党百年献上一份饱含深情与敬意的礼物。2023年举办的第四届学生节，以"科技点亮人生，青春就要这 young"为主题，既契合当下科技飞速发展的时代潮流，又聚焦于培养学生对科技的兴趣与探索精神，让学生在充满科技感的活动中，感受到科技为生活带来的无限可能，展现青春的蓬勃朝气与创新活力。

这些鲜明的主题，与学生的生活实际息息相关，从而极大地调动了学生的参与热情。在学生节的各项活动过程中，学生们不仅是在享受节日的欢乐氛围，更是置身于一个实践与学习相互交融的成长空间，他们能够在其中不断积累经验、锻炼能力，进而实现自我价值的提升，真正达到了寓教于乐、以活动促成长的良好效果。

第二，匠心独妙的整体设计：多元活动，全方位体验。学生节的整体设计可谓匠心独运，精彩纷呈，涵盖了丰富多样且各具特色的项目，从文化传承到科技创新，从体育竞技到艺术展示，一应俱全，如同一个五彩斑斓的万花筒，为学生们打造了一场全方位、沉浸式的校园体验盛宴。

开幕式

2023年学生节开幕式可谓是视听盛宴。作为学生节的开篇重头戏，开幕式向来亮点频出，其中既有暖场节目提前营造出热烈欢快的氛围，又有师生共同参与的精彩表演。这些节目均是由教师和学生根据自身特长和兴趣自主选择的，形式丰富多样：时装秀展现时尚与个性的碰撞，抖空竹传递传统技艺的魅力，钢琴演奏奏响美妙的音符，中国传统乐器合奏演绎出古典音乐的韵味，歌舞、杂技、魔术带来令人惊叹的视觉享受，朗诵传递深情厚意，木偶表演别具一格，现场书画彰显艺术功底，等等。此外，还有激动人心的抽奖活动以及饱含期许与鼓励的教师寄语环节。而无人机表演更是为开幕式增添了一抹别样的光彩，它兼具观赏性与强烈的科技感，瞬间就将现场的氛围推向高潮，让每一位参与者都沉浸在这充满活力与惊喜的开场之中。（郭晓军）

非遗劳动课程：传承文化，浸润心灵。非物质文化遗产作为中华民族传统文化的瑰宝，承载着劳动人民的智慧结晶，见证着历史的发展变迁，是极为重要的文化信息资源。我国的非遗文化底蕴深厚、丰富多彩，它们与人们的生活息息相关，却又在现代社会的快速发展中面临着传承的挑战。基于此，学生节精心设置了非遗劳动课程，旨在让学生们走出课堂，亲身参与到非遗文化的体验之中，在潜移默化中传承文化。非遗劳动课程中，学生们能够运用各种感官去主动探索学习，近距离感受中国传统文化的独特魅力。

比如在内画课程中，学生们可以尝试用特制的工具在狭小的空间内绘制精美的图案，体会这一传统技艺的精妙；在毛猴、快板、面塑、中国结等课程里，学生们亲自动手，经过巧妙构思与制作，将原材料变成一个个栩栩如生、充满趣味的作品，感受传统手工艺的魅力；还有打花棍、画脸谱、串珠、布贴画、拓印、团扇、描金、香囊、棕编、剪纸、风筝、景泰蓝装饰画、榫卯结构、糖人糖画、北京鬃人和兔爷等课程，每一项都像是一扇通往传统文化深处的大门，学生们在亲身尝试、探究、发现的过程中，自觉完成非遗文化知识的建构，深入探索中华民族最深沉的文化底蕴，寻觅千年历史最悠远的文明根系，赓续精神血脉，体味非遗经典。同时，非遗文化的学习也融入到学生道德水平及人格培养过程中，潜移默化地影响着青少年学生价值观的塑造和形成，让学生们成为历史的继承者与文化的传播人，使中华优秀传统文化在年轻一代的心中深深扎根、绽放光彩。（王刚）

科技体验课程：点燃科技热情，培养创新精神。在当今科技日新月异的时代背景下，培养学生的科技创新能力显得尤为重要。学生节特意设置了丰富多样的科技体验活动，旨在为学生们营造一个良好的科技氛围，提供充足的探索与实践条件，让他们充分领略科学的魅力，激发内心深处对科学的热爱与追求。通过参与如远程手臂控、声波灭火、空气炮、温柔的电击、呐喊赛车、隐身屋、单车棉花糖、伯努利悬浮、脑波爆米花、闪电盘、火线冲击、车轮陀螺、眼疾手快、锥体上滚、机甲战车、意念蜘蛛、弹跳机器人等一系列充满趣味性与挑战性的科技体验活动，学生们仿佛置身于一个奇妙的科技世界中。在这个过程中，让学生亲身体验学习科学的乐趣，从而激发起学生爱科学、学科学、讲科学、用科学的热情，培养学生勇于探索、敢于创新的精神以及创新实践能力，为学生的全面发展注入强大的科技动力，助力他们在未来更好地适应科技飞速发展的社会环境。（金伟）

团队拓展课程：协作共进，凝聚力量。团队拓展课程在学生节中扮演着重要角色，它聚焦于提升同学们的参与积极性以及培养团队协作精神。在这些课程活动中，同学们需要全身心地投入合作，互帮互助、互相学习、相互借鉴、取长补短，深刻体会互相信任所带来的美好与力量。垃圾投掷、垃圾分类接力赛，不仅增强了学生们的环保意识，更让他们在分组竞赛的过程中学会如何协作、交流，进而提高团队效率；合力筑塔、能量传输、神笔马良等项目，则要求小组成员密切配合，通过沟通交流、协调行动，共同完成看似艰巨的任务，让学生们深刻领悟到团队凝聚力的重要性；而逃脱困境、超越障碍、毛毛虫、车轮滚滚、无敌大脚怪、旋风闪电侠、通天塔、竞技飞盘、巨人脚步等活动，更是充满了趣味性与挑战性，同学们在克服困难、携手共进的过程中，进一步强化了团队协作能力，增进了彼此之间的友谊，使整个校园都洋溢着团结协作、积极向上的氛围。（吴万岭）

校园吉尼斯：挑战极限，挖掘潜力。校园吉尼斯项目为学生们提供了一个挑战自我、挖掘潜力的绝佳平台。正如其名，它鼓励学生向自己的极限发起冲击，深度挖掘自身的潜力。每个人都蕴含着无限的可能，往往只是缺乏一个展现和突破的契机，而校园吉尼斯恰恰就是这样一个契机。校园吉尼斯涵盖了魔方速拧、连五子对弈、一分钟仰卧起坐、定时定点投篮、自垫排球、俯卧撑、踢毽子、立定跳远、引体向上（男）、斜身引体（女）、掷实心球、速叠杯等众多项目。在参与这些项目的过程中，学生们不断挑战自己的最佳成绩，突破原有的极限，寻找那个隐藏在平凡外表下的"英雄"。这不仅有助于学生提升身体素质和运动技能，更培养了他们勇于挑战、敢于拼搏的精神品质，敢于尝试、坚持不懈，就能在自己擅长的领域绽放光彩，铸就青春的辉煌。（郑益民）

校园歌会：歌声飞扬，青春绽放。校园歌会作为第二分校定期举办的一项深受学生喜爱的活动，宛如一场青春的音乐盛宴。同学们用悠扬的歌声，抒发着内心的情感，唱出青春的活力与喜悦，用自己的实力和热情尽情演绎着独特的自我。歌会设置了海选、初赛、复赛等多个环节，充分给予每一位热爱唱歌的同学展示的机会。经过教师评委专业的评判以及现场同学热情的投票，最终评选出歌会的冠军、亚军、季军。这一过程不仅是对学生歌唱水平的考量，更是培养了他们的竞争意识和舞台表现力，让学生们在音乐的海洋中释放青春的激情，展现别样的风采，同时也丰富了校园的文化艺术氛围，为学生节增添了一份浪漫与温馨。（郝敏）

球王争霸赛：热血竞技，激情碰撞。球王争霸赛无疑是学生节中最受瞩目的体育赛事之一，它充满了激烈的竞争和热血的激情。班级分组后，依次经过小组赛、初赛、复赛、决赛等多个阶段的激烈角逐，最终决出冠军、亚军、季军。比赛中，同学们尽情挥洒汗水，展现出顽强的拼搏精神和高超的球技。无论是篮球、足球还是其他球类项目，每一场比赛都吸引着众多学生的目光，现场气氛热烈非凡、火爆至极。球王争霸赛不仅为热爱球类运动的学生提供了一个展示实力的舞台，更培养了学生的团队合作精神、竞争意识以及坚韧不拔的毅力，成为学生节中不可或缺的一道亮丽

风景线。(王军)

健康小吃一条街：品味美食，领略文化。为了让同学们在尽情享受学生节欢乐氛围的同时，也能满足味蕾的需求，学校精心打造了"健康小吃一条街"这一特色项目。在小吃街中，各式各样的美食琳琅满目，令人垂涎欲滴。这些美食不仅味道鲜美，还承载着丰富的中国饮食文化内涵。学校会将每一种美食背后的故事展示出来，让同学们在大快朵颐的过程中，领略中国悠久饮食文化的博大精深，感受美食与文化相互交融的独特魅力，在欢乐之余为学生节又增添了一份浓浓的文化韵味。(柏齐林)

跳蚤市场：实践锻炼，爱心传递。跳蚤市场作为一个极具特色的学生节项目，为学生们提供了一个互利互惠、合作双赢的交易平台。通过这种学生市场的形式，同学们可以将自己闲置的物品拿来进行交换或售卖，在体验推销员、顾客等不同角色的过程中，锻炼了沟通能力、理财能力以及说服他人的技巧，同时也提高了勤俭节约的意识。跳蚤市场活动的收入会捐给海淀区红十字会，用于对困难群体的人道救助。例如，在第四届学生节结束后王老师带领学生代表胡同学和杨同学前往海淀区红十字会，将跳蚤市场爱心义卖和校园歌会门票所得上千元如数捐出，为公益事业贡献了一份力量。这一活动让学生们在实践中体会到帮助他人的快乐，培养了他们的社会责任感，使学生节更具意义和价值。(郝敏)

第三，第二分校学生节设计的特色：以生为本，精心布局。以学生为中心，凸显其主体地位。学生节的整体设计始终秉持着以学生为中心的理念，将学生置于活动的核心位置，让他们真正成为学生节的主角。从开幕式的主持、精彩节目的表演，到各个项目小组中忙碌的学生志愿者，处处都彰显着学生的主体地位。在活动策划过程中，充分考虑学生的关注点、兴趣度、自主性以及创造性等方面，注重挖掘并发挥学生的特长，旨在让每一位学生都能在参与过程中有强烈的参与感、体验感和收获感，同时注重培养同学之间的合作精神，引导学生正确认识规则，理解自己与环境之间和谐共生的关系，从而形成第二分校学生节独有的特色，使其区别于一般的校园活动，更贴合学生的成长需求与心理期待。

学生节筹备周期长，精心且细致。学生节的整体设计并非局限于活动当天，而是有着较长的周期跨度。这是由于部分活动需要提前进行大量的准备工作，例如非遗劳动课程需要提前准备相应的材料和工具，邀请专业的非遗传承人进行指导；校园歌会、球王争霸赛等赛事需要提前安排赛程、组织报名等；一些项目组的成员也需要提前征集并进行培训。正是这种长周期、全方位的筹备工作，使得学生节的每一个环节都能做到精心安排、细致入微，确保活动当天能够顺利、精彩地呈现，为学生们带来高品质的活动体验。周密严谨，保障有序开展。学生节的整体设计在注重学生体验的同时，还展现出了高度的周密性与严谨性。既要突出学生在活动中的参与感、体验感和收获感，又要保障各个项目之间能够顺畅沟通、协调配合，确保学生能够有序地参与到每一个项目中，并且要充分考虑学生的安全等诸多方面。为了实现这一目标，学校通过设定不同的沟通机制，如定期的项目组会议、线上沟通群组等，方便各小组之间及时交流信息、解决问题；同时制定详细的学生活动手册，明确活动规则、流程以及注意事项等内容，巧妙地将整个学生节的各项活动串联起来，有效保障了学生节能够有条不紊地顺利开展，让每一位参与者都能在安全、有序的环境中尽情享受活动的乐趣。巧妙的项目设计，多元融合显意义。学生节的活动项目设计构思巧妙、涉及面广，各个项目都有着明确的目的和预期的效果，并且与多方面内容紧密结合，充分发挥出活动的多元意义和价值。

与科技结合：如科技体验活动，通过引入各种新奇有趣的科技项目，让学生亲身感受科技的魅力，激发他们对科技创新的兴趣和探索欲望，培养科学素养和创新精神，使学生紧跟时代科技发展的步伐。

与学科结合：与物理、化学、数学、语文、历史、生物、地理等多学科紧密相连,例如在科技体验活动中,很多项目蕴含着丰富的物理、化学等学科知识,学生在参与体验的过程中,能够将课堂所学的理论知识与实际操作相结合,加深对学科知识的理解和应用能力,实现学科知识的拓展与延伸。

与团结协作结合:像团队拓展课程,着重培养学生的团队协作能力,让学生在各种团队项目中学会合作、沟通、信任,明白团队力量的强大,提高他们在集体环境中的人际交往能力和团队协作水平,为今后的学习、生活和工作打下良好的团队合作基础。

与生活常识结合:以垃圾分类活动为例,将环保理念与日常生活中的垃圾分类知识相结合,引导学生关注生活中的环保问题,培养他们的环保意识和实际动手能力,让学生明白知识来源于生活且应用于生活,提高学生的生活实践能力。

与体育结合:校园吉尼斯、球王争霸赛等体育类项目,鼓励学生积极参与体育运动,锻炼身体素质,培养体育精神,如竞争意识、拼搏精神、坚韧毅力等,促进学生身心健康发展,同时也丰富了校园的体育文化氛围。

与展示学生的特长相结合:开幕式的表演、校园歌会、校园吉尼斯等项目为学生提供了广阔的展示平台,学生们可以根据自己的特长和兴趣参与其中,充分展现自己的才艺和风采,增强自信心,发现自身的价值,激发自我发展的动力。

与传统文化结合:非遗劳动课程让学生深入接触和传承中华优秀传统文化,在亲身体验传统技艺的过程中,感受传统文化的深厚底蕴和独特魅力,培养学生的文化认同感和民族自豪感,使传统文化在年轻一代心中扎根发芽、薪火相传。学生们穿梭于不同的非遗项目之间,仿佛是在翻阅一部部活着的历史典籍,他们用双手触摸岁月留下的痕迹,用心去领悟古人的智慧与匠心。每一次捏起面塑的面团,每一次拿起剪刀剪纸,每一次挥舞画笔绘制脸谱，都是在与传统文化进行一场跨越时空的对话。这种亲身实践的方式，远比书本上的文字描述更具感染力，让传统文化不再是遥不可及的古老符号，而是变得鲜活生动、触手可及。如此巧妙且多元融合的项目设计，使得学生能够在不同场景下自如切换，体验不同主题带来的别样收获与喜乐。他们既能在舞台上尽情展示自己的才艺风采，又能在团队项目中深刻体会到协作的魅力；既能在科技体验中感受创新的激情，又能在非遗课程里沉浸于传统文化的韵味之中。学生们在参与学生节的过程中，全方位地锻炼了自己，实现了综合素质的提升，也让整个学生节变得更加缤纷炫彩、意义非凡。

第四，严谨周全的组织和保障能力：多方协作，保驾护航。为了确保学生节能够顺利、有序地开展，学校投入了大量的精力，进行了严谨周密的工作安排，成立了专门的项目组，从项目设计、规则制定、传达机制、安全保障到饮食供应等各个方面，都经过了多次的考量、协商与确定，力求做到万无一失。项目组的构成十分多元且细致，它由总指挥协调组、节目组、活动项目组、影像组、医疗组、保卫组、后勤保障组等多个小组共同组成，每个小组都肩负着明确且重要的职责，确保各项工作都有专业的人员负责到底。其中，总指挥协调组犹如整个学生节的"大脑"，负责统筹规划、协调各方，把控活动的整体进度和方向，及时处理各种突发情况，保障各个环节能够紧密衔接、顺利推进；节目组精心策划开幕式以及其他各类表演节目，从节目筛选、排练指导到现场呈现，都倾注了大量心血，力求为大家带来一场又一场精彩绝伦的视听盛宴；活动项目组则聚焦于各个具体的活动项目，如非遗劳动课程、科技体验活动、团队拓展课程等，负责项目的前期准备、现场组织以及后续总结等工作，确保每个项目都能按照预定计划有序开展，让学生们获得良好的参与体验；影像组用镜头记录下学生节的每一个精彩瞬间，无论是舞台上的高光时刻，还是活动中的感人画面，都被一一捕捉，为学生们留下了珍贵的回忆资料，同时也有助于后续对活动的宣传与回顾；医疗组时刻待命，配备了专业的医护人员以及充足的常用药品和急救设备，以应对可能出现的学生身体不适等突发状况，为学生的健康安全筑牢了坚实的防线；保卫组则加强校园内的巡逻安保工作，维持活动现场的秩序，保障人员和场地的安全，确保学生节在一个安全、和谐的环境中进行；后勤保障组则负责活动期间的饮食供应、物资调配等后勤工作，保证同学们在参与活动的过程中能够吃得放心、用得舒心，满足各种实际需求。

项目组的成员来源颇为广泛，主要由三部分人员构成。首先，是学校内部的人员，涵盖了学校干部、教师、学生、安保人员、餐厅工作者等不同群体。学校干部凭借其丰富的管理经验和全局视野，对活动进行宏观把控与协调；教师们发挥自身的专业知识和教学能力，参与到各个项目的指导工作中；学生们则积极充当志愿者，在不同岗位上贡献自己的力量，展现出青春的活力与担当；安保人员和餐厅工作者坚守本职岗位，为活动的安全和饮食保障提供有力支持。其次，还邀请了外部的专家参与到项目当中。这些外部专家凭借其在专业领域的深厚造诣，对活动整体和项目设计进行专业指导，帮助优化活动方案，提升活动质量，同时他们也负责一部分专业性较强的项目工作，为学生们带来更具权威性和专业性的指导。最后，积极邀请家长参与到活动中来，采用自愿报名的方式，让家长协助和负责一些项目工作。家长们的参与不仅为活动增添了一份别样的温暖与力量，更加强了家校之间的沟通与合作。他们可以在活动现场帮忙组织秩序、担任评委或者协助后勤保障等工作，以不同的方式为学生节贡献自己的力量。

各个小组和成员之间密切协作、配合默契，形成了一个高效运转的有机整体。在活动过程中，一旦出现问题或者突发事件，各小组都能够迅速响应、及时解决，确保学生节能够顺利进行，让每一位参与者都能在安全、有序且欢乐的氛围中尽情享受缤纷炫彩的校园盛宴。

总之，学生节以其因时因势的特色主题、匠心独妙的整体设计、独具特色的设计理念以及严谨周全的组织保障能力，成为校园生活中一道亮丽的风景线。它不仅丰富了学生的课余生活，提升了学生的综合素质，更在弘扬中华传统文化、培养学生的创新精神与团队协作能力等方面发挥了积极且重要的作用，真正实现了寓教于乐、全面育人的目标，也为校园文化建设注入了源源不断的活力，成为师生、家长们共同期待和珍视的校园活动。未来，我们将继续秉持初心，不断优化和完善学生节的各项内容，让它在互动中绽放更加绚烂的光彩，为学生们创造更多美好的校园回忆。

学生感言：

今天有幸与老师和同学共同前往海淀区红十字会进行捐款活动，不仅使我感受到了老师对待红十字会工作的满腔热忱，也使我第一次深入地探访了红十字会，看到了诸多的优秀事迹，开阔了眼界，得到了全新的、特别的体验。[高一（2）班胡同学]

今天有幸代表学校，向北京市海淀区红十字会捐款，给予那些需要帮助的人微薄的力量，希望我们也能够传承红十字会精神，发扬人道主义精神，以大爱付诸人间，以有爱铸就中华。[高一（2）班杨同学]

家长感言：

太震撼啦！从开幕式到各项活动，有太多让人感动的地方，这种打破常规的展演方式，真是极大地发挥了孩子们的优势。每个人站在他喜欢的舞台上，找到了自信、力量。有了活动中的自信，慢慢地，在学习中也会找到自信。这份自信让他们爆发了无穷的潜力，每个人，都是最棒哒！感谢学校给我们家长这次近距离和孩子们互动的一个机会，感觉非常好，孩子们热情懂礼貌，每个孩子洋溢着幸福自信的笑容，期待再次走进校园。[初二（5）班徐同学家长]

气氛欢乐，孩子和指导老师互动融洽，老师认真讲解规则并给孩子们

鼓励（自垫排球），午餐很好吃（炖肉刀削面）；开幕式表演，能有个高一点舞台就更完美了。[高二（1）班王同学家长]

非常感谢学校提供了一个这样难得的机会让我和孩子们一起过属于他们的节日，从开幕式的无人机、火箭、孩子们的用心表演，到丰富多彩的学生节活动，看到了孩子们开心欢呼，吃到了每天被孩子夸比妈妈做的好吃多了的学校的饭，一次非常棒的体验。[初二（1）班韩同学家长]

本次学生节，活动内容丰富多彩，使孩子们开阔了眼界；孩子们多才多艺，演出精彩；学校的组织能力超群，家校团结一心，希望学校越来越好！[初一（2）班陈同学家长]

很荣幸能参加这次学生节活动，感谢学校领导和老师们的用心良苦，丰富多彩的节目和活动项目让整个校园在此起彼伏的欢乐节奏中进行！相信孩子们一定会在这样温暖有爱的学校茁壮成长！[初一（2）班杨同学家长]

学生节举办得非常成功，学校老师们真的很用心，项目丰富多彩，学生们积极参与，感谢老师们辛勤的付出，辛苦了！[高一（4）班于同学家长]

今天是高一入学以来第一次能够进校参与孩子们的活动，心情非常激动。学校组织的学生节活动寓教于乐，给每个人提供展示的平台。我负责通天塔项目，看到孩子们排除万难、坚持不懈、开动脑筋，最终取得胜利时脸上洋溢的微笑，我觉得这次活动真的太有必要啦。希望学校能够再多组织一些类似的活动，我也会再次参加，贡献自己的一份力量。[高一（2）班易同学家长]

今天走进校园与孩子们共同度过了丰富多彩的学生节，给我的感受颇丰，首先感谢学校领导与各位老师为孩子们精心策划与设计的各项活动，从精彩的开幕式到后面的综合实践，科技体验，丰富蓝图，团队拓展，校园吉尼斯、歌会、球王争霸、小吃街，再到后面的跳蚤市场真的是应有尽有，开阔了学生们的眼界，同时也丰富了学生们的校园生活。同学们争先恐后地报名参加这些多姿多彩的活动，也玩得不亦乐乎，其实每项活动都有它的技巧与方法，比如我负责的车轮滚滚这项竞技项目，它需要3~6人参加，考验的就是团队协作能力，再有就是手和脚的协调能力，因为要同时抬手和迈脚。我边上是投篮项目，看到有的孩子急于求成，结果连投几个都没进去，之后他慢下来，稳住后，连着投进4个球，大家在边上助威：好球！好球！这让孩子们懂得什么是稳中求胜的道理。今天天气不作美，雨越下越大，室外的活动暂停，我来到了团扇活动室，这个项目需要孩子们静下心来，真的是自我陶冶的一个活动，虽然户外雨声嘈杂，但坐在教室里让我感受到什么叫闹中取静，画着扇面上的"如意"给人不一样的惬意！总之，还有更多更精彩的活动项目，就不一一举例了，感觉跟孩子们过了一个无比有意义的学生节！这大概就是青春的样子，每一个精彩瞬间都值得记录。加油，少年未来可期！[高一（1）班尹同学家长]

4.3 唯德/雷锋讲堂　向榜样看齐

在当今社会，青少年正处在价值观形成的关键时期，他们如同初升的朝阳，承载着国家和民族的未来与希望。习近平总书记明确指出："要抓住青少年价值观形成和确定的关键时期，引导青少年扣好人生第一粒扣子。要广泛开展先进模范学习宣传活动，营造崇尚英雄、学习英雄、捍卫英雄、关爱英雄的浓厚氛围。"这一要求为学校的教育工作指明了清晰且重要的方向。在此背景下，学校积极响应号召，成立了项目组，启动了"寻找学生心目中的英雄（模范）"的活动。制订一个寻找学生心目中的英雄（模范）的宣传方案，需要学生推荐自己心目中的英雄（模范），在此基础上根据调查结果引导学生树立正确的英雄观。

第一，大家一起寻找模范和英雄。第一步：准备及调研阶段。确定调查目的，明确想要了解学生心目中英雄形象的具体意图，设计调查问卷或访谈提纲；选择调查方式，采用线上平台发布问卷，快速收集数据；同时启动线下一对一访谈、小组座谈等，可以获取更详细生动的想法。第二步：整理分析阶段。整理数据，将问卷收集的数据进行分类汇总，提取核心观点。深入分析不同类别学生心中英雄的共性与差异，观察哪些人物出现的频率较高，以及背后的原因，比如是不是因为特定事迹、品质等受到学生推崇。第三步：反馈呈现阶段。把整个调查过程、数据分析结果、结论等以清晰的结构形成报告，内容包括学生心目中英雄的主要类型、特征以及对校园教育等方面的启示。通过校园广播、宣传栏等形式向学生展示调查成果，进一步引导大家对英雄的认知和思考。

通过几个月的寻找，聚焦古今中外英雄（模范）人物，最终通过投票，把"雷锋"作为全校师生学习的榜样、时代楷模、模范人物、心目中的英雄，由此学习雷锋的活动拉开了帷幕，从了解雷锋到学习雷锋再到践行雷锋精神，在学校开展得如火如荼。

第二，开展向雷锋学习活动的背景与意义。为什么要学习雷锋，是活动的切入点。通过启动会、班会、宣传、做手抄报、讲雷锋故事等方式让学生了解雷锋，知晓雷锋精神的内涵。①崇高理想与坚定信念。雷锋精神的核心基石是热爱党、热爱国家、热爱社会主义。青少年正处于世界观、人生观、价值观逐步形成的关键阶段，让他们树立对党、对国家、对社会主义的深厚情感和坚定信仰，能够让他们在面对纷繁复杂的社会环境时，坚守正确的方向，不被各种不良思潮所干扰，明确自己的人生目标和责任担当，将个人的成长与国家的发展紧密相连，为实现中华民族伟大复兴的中国梦而努力奋斗。②奉献精神。服务人民、助人为乐是雷锋精神中最为人们所熟知且广为传颂的部分。雷锋同志总是把帮助他人当作自己最大的快乐，他关心身边每一个人的冷暖，无论是战友在生活上遇到困难，还是群众在生产生活中有需要，他都会毫不犹豫地伸出援手。这种精神传递出一种无私的大爱，让人们感受到人与人之间的温暖与关怀。青少年学习雷锋的奉献精神，能够培养他们的社会责任感和同理心，让他们懂得关心他人、关爱社会，积极参与志愿服务活动，在帮助他人的过程中体会到自身的价值，促进社会形成良好的道德风尚，使整个社会更加充满温情与凝聚力。③敬业精神。干一行爱一行、专一行、精一行的敬业精神在雷锋身上体现得淋漓尽致。雷锋对待工作一丝不苟，无论从事何种工作，他都全身心地投入其中，力求做到最好。在当下这个竞争激烈的时代，敬业精神对于青少年未来的职业发展至关重要。培养他们干一行爱一行的意识，能够让他们在面对不同的工作选择时，以积极的心态去对待，而专一行精一行的追求则促使他们不断提升自己的专业技能，在自己的领域内发光发热，为社会创造更多的价值，同时也实现个人的职业理想和人生价值。④创新精神。锐意进取、自强不息的创新精神也是雷锋精神的重要组成部分。雷锋虽然生活在物质条件相对匮乏的年代，但他并没有因循守旧，而是积极思考、勇于探索，不断寻求更好的工作方法和为人民服务的方式。他在学习和工作中善于总结经验，敢于尝试新的思路，对一些传统的做法进行改进和优化，提高了工作效率，更好地服务了集体和群众。在当今科技飞速发展、创新驱动发展的时代背景下，鼓励青少年学习雷锋的创新精神，有助于激发他们的创造力和想象力，培养他们敢于突破常规、敢于挑战未知的勇气，让他们在学习和未来的工作中积极探索新技术、新方法，为推动社会的科技进步和各行业的创新发展贡献自己的智慧和力量。⑤创业精神。艰苦奋斗、勤俭节约的创业精神贯穿于雷锋的生活点滴之中。他深知幸福生活来之不易，始终保持着艰苦朴素的生活作风，珍惜每一粒粮食、每一件物品，哪怕是一颗螺丝钉，他都不舍得浪费，将其收集起来以备不时之需。在工作中，他不怕吃苦，愿意付出更多的努力去克服困难，用自己的双手创造价值。这种创业精神对于青少年来说，是一种宝贵的财富，能够让他们懂得珍惜劳动成果，培养勤俭节约的良好习惯，同时也让他们明白，无论面对怎样的困难和挑战，只要通过自己的艰苦奋斗，都能够创造出美好的生活，为实现个人和社会的发展目标奠定基础。

开展向雷锋学习的活动，旨在通过弘扬雷锋精神，用榜样的力量去感染、引导学生，帮助他们树立正确的价值观，培养良好的道德品质和行为习惯。雷锋精神所蕴含的丰富内涵，恰如一盏明灯，能够照亮青少年成长的道路，让他们在面对各种诱惑和挑战时，坚守内心的善良与正义，成为有理想、有道德、有文化、有纪律的社会主义建设者和接班人。

而在众多向雷锋学习的活动中，雷锋讲堂和雷锋活动周成为重要的载体和平台，其中雷锋讲堂更是立足第二分校自身情况，探索育人方式的创新产物，它在传承和弘扬雷锋精神方面发挥着独特且重要的作用。

第三，雷锋讲堂：创新育人方式，弘扬雷锋精神。

①依托的课程与评选标准。雷锋讲堂依托第二分校的"和合"人文生态特色课程和"特人物"评选标准，为弘扬雷锋精神搭建了坚实的基础和独特的框架。"和合"人文生态特色课程强调以人为本，注重培养学生的人文素养和生态意识，倡导和谐共生、多元融合的教育理念。在雷锋讲堂中，这一课程体系为活动的开展提供了丰富的文化土壤，让雷锋精神能够与人文、生态等元素有机结合起来。例如，在讲述雷锋关爱自然、爱护环境的事迹时，可以融入生态特色课程中关于环境保护的知识，引导学生明白人与自然和谐相处的重要性，从雷锋的行为中汲取爱护自然的力量，将这种理念延伸到日常生活中，如参与校园绿化、垃圾分类等环保行动，实现雷锋精神与生态教育的深度融合。"特人物"评选标准则侧重于对学生在品德、学习、社会实践等多方面表现的综合考量，鼓励学生在各个领域展现出优秀的品质和积极向上的行为。雷锋讲堂借助这一评选标准，将雷

锋精神细化为具体的行为准则和评价指标，引导学生对照雷锋的事迹和精神，在学习和生活中积极践行，争取成为像雷锋一样的榜样人物。比如，在评选过程中，关注学生是否具有服务他人的奉献精神，像主动帮助同学解决学习上的困难、参与社区志愿服务等行为都会成为重要的考量因素，通过这种方式激励学生在日常生活中践行雷锋精神，使雷锋精神真正落地生根。

②精心设计活动主题。雷锋讲堂围绕"关爱社会、关爱他人、关爱自然"精心设计活动，这三个维度涵盖了社会生活的多个方面，旨在全方位地引导学生将雷锋精神融入到实际行动中。在关爱社会方面，雷锋讲堂组织了一系列丰富多彩的活动。例如，开展"走进社区，传递温暖"活动，组织学生志愿者走进周边社区，为社区里的孤寡老人、残疾人等弱势群体提供帮助。学生们会定期去看望老人，陪他们聊天、为他们打扫房间、帮忙购买生活用品等，让这些老人感受到社会的关爱和温暖。同时，还会举办"社会公益知识讲座"，邀请专业的公益人士来校讲解社会公益事业的发展现状、意义以及青少年可以参与的方式等内容，拓宽学生的视野，增强他们对社会公益的认知和参与意识，鼓励他们积极参与到诸如环保公益宣传、文化遗产保护等各类社会公益活动中去。另外，结合一些重要的社会纪念日，如国际志愿者日、全国助残日等，开展主题宣传活动，通过制作宣传海报、举办主题班会等形式，向全校师生宣传关爱社会弱势群体、积极参与志愿服务的重要性，营造浓厚的关爱社会氛围，让学生们深刻认识到自己作为社会一员的责任与担当，以实际行动为社会的和谐发展贡献力量。围绕关爱他人这一主题，雷锋讲堂设置了许多贴近学生生活的活动。比如，开展"校园互助伙伴"计划，鼓励学生两两结成互助小组，在学习上互相帮助、共同进步，彼此分享学习方法和学习资料；在生活中，互相关心、互相照顾，当一方遇到困难时，另一方及时伸出援手。通过这种方式，培养学生之间的友爱互助精神，让他们在日常相处中感受到关爱

他人所带来的快乐。"感恩有你"主题活动，引导学生感恩身边的人，如父母、老师、同学等。活动中，学生们会通过写感谢信、制作感恩卡片、为老师和父母做一件力所能及的事情等方式，表达自己的感激之情，学会珍惜身边的情感，增强人际交往中的情感沟通和理解，让关爱他人的意识深入到每一个学生的心中，成为他们的行为习惯。在关爱自然主题下，雷锋讲堂组织了各种形式的环保实践活动。像"校园绿色行动"，发动学生参与校园绿化美化工作，在校园内种植花草树木，设立校园环保监督岗，督促同学们爱护花草树木，不乱扔垃圾，保持校园环境的整洁干净。同时，开展"自然科普小课堂"，邀请环保专家或生物教师为学生讲解自然生态知识，介绍当前面临的环境问题以及保护自然的重要性和方法，让学生们了解自然、认识自然，从而激发他们保护自然的责任感和使命感。此外，组织学生参与校外的环保公益活动，如河边垃圾清理、森林公园义务植树等，让学生亲身参与到自然保护的实践中，体会人与自然和谐共生的美好，将雷锋精神中关爱自然的理念转化为实实在在的行动，为保护我们的生态环境贡献自己的力量。

③注重身边人讲述身边事。雷锋讲堂注重让身边人讲述身边事，用身边事教育身边人，这一方式极大地增强了教育的感染力和实效性。在讲堂中，邀请学校里的教师、同学以及家长等作为分享嘉宾，讲述他们在生活中践行雷锋精神的真实故事。比如，邀请教师分享自己多年来坚持义务辅导学习困难学生的经历，讲述在这个过程中看到学生们一点点进步时的欣慰与感动；邀请同学讲述自己在公交车上主动给老人让座、帮助迷路的小朋友找到家人等平凡却又充满温暖的小事；邀请家长分享在社区里参与志愿服务、组织邻里互助活动的故事等。这些身边的故事让学生们觉得雷锋精神并不是遥不可及的高大上的口号，而是实实在在发生在身边、每个人都可以做到的事情。他们能够从这些熟悉的人物身上感受到雷锋精神的力量，更容易产生共鸣，从而更加积极主动地去学习和践行雷锋精神，在参

与活动的过程中受到深刻的教育，实现自身价值追求的提升。

④引导学生在参与中感受成就感和价值感。雷锋讲堂的最终目的是引导同学们在参与各项活动的过程中受到教育、得到提高，使学雷锋活动真正成为学生感悟崇高精神、提升价值追求的生动过程。通过参与关爱社会、关爱他人、关爱自然的系列活动，学生们在实践中不断锻炼自己的沟通能力、团队协作能力、解决问题的能力等。例如，在社区志愿服务中，学生们需要与不同年龄、不同背景的人进行交流沟通，协调安排服务内容，这锻炼了他们的人际交往和组织协调能力；在校园互助伙伴计划中，学生们共同探讨学习问题，互相鼓励克服困难，培养了团队合作精神和面对挫折的韧性。同时，在这些活动中，学生们深刻体会到了奉献的快乐、帮助他人的成就感以及保护自然的责任感，他们的内心世界得到了丰富和升华，对雷锋精神的理解也更加深刻。这种在实践中学习、在参与中成长的方式，让学生们逐渐将雷锋精神内化为自己的行为准则和价值追求，从最初的被动参与到主动践行，不断提升自己的道德素养和精神境界，成为具有雷锋精神品质的新时代青少年。

第四，雷锋活动周：拓展学习实践，深化雷锋精神影响。除了雷锋讲堂，雷锋活动周也是第二分校向雷锋学习活动的重要组成部分。在这一周的时间里，学校会集中开展形式多样、内容丰富的活动，进一步拓展学生学习和实践雷锋精神的平台，深化雷锋精神在校园内的影响。

例如，举办"雷锋精神主题展览"，通过图片、文字、实物等形式，全面展示雷锋同志的生平事迹、雷锋精神的内涵以及不同时期人们学习雷锋的典型案例，让学生们更加直观、深入地了解雷锋精神的来龙去脉和其在历史长河中的传承与发展，增强对雷锋精神的认同感和崇敬感。开展"雷锋精神知识竞赛"，以赛促学，激发学生学习雷锋精神的积极性和主动性。通过竞赛的形式，让学生们更加深入地去钻研雷锋精神的各个方面，加深对其内涵的理解，同时也培养了学生的竞争意识和团队协作精神，在比赛过程中相互学习、共同进步。组织"雷锋精神主题征文比赛",鼓励学生将自己对雷锋精神的理解、感悟以及在学习和生活中践行雷锋精神的故事用文字的形式表达出来。这不仅锻炼了学生的写作能力,更让他们在写作过程中对雷锋精神进行深入思考,将自己的情感与体验融入其中,进一步强化了对雷锋精神的认知和践行的决心。此外,安排"雷锋精神志愿服务实践日",全体师生共同参与到各类志愿服务活动中,如校园周边环境整治、社区文化宣传等,将雷锋精神转化为实际行动,在实践中体会雷锋精神的真谛,让雷锋精神在校园内外绽放更加绚丽的光彩,营造出浓厚的学习雷锋、践行雷锋精神的良好氛围。

学校开展向雷锋学习的活动,特别是雷锋讲堂这一创新的育人方式,以及雷锋活动周等系列活动,在引导青少年扣好人生第一粒扣子、弘扬雷锋精神方面发挥了积极且重要的作用。依托特色课程、精心设计活动主题、注重身边人讲述身边事以及引导学生在参与中受教育提价值等多种举措,让雷锋精神在校园内落地生根、开花结果,使学生们深受感染和启发,逐步成长为崇尚英雄、学习英雄、捍卫英雄、关爱英雄的新时代青少年。

在未来的教育工作中,学校将继续深入开展此类活动,不断探索创新,进一步丰富活动形式和内容,持续弘扬雷锋精神,让这一伟大的精神永远闪耀在校园的每一个角落,成为激励学生成长成才、推动学校教育事业发展以及助力社会和谐进步的强大动力,进而营造一个充满爱与奉献、积极向上的社会环境,让雷锋精神在新时代焕发出更加璀璨的光芒。

● 案例

课程目标

(一)加深学生对雷锋精神的认知和理解,进一步引领学生弘扬社会主义核心价值观,弘扬雷锋精神,争当雷锋精神的传承者。

（二）积极引导学生从自身做起、从小事做起，让学生从思想上和行动上充分理解和体验帮助别人所获得的幸福感和自豪感。

（三）积极为学生搭建平台，把学生"请上讲台"，提高学生的表达能力和写作能力，让学生成为青春正能量信息的传播者，从而实现自我的成长。

课程实施过程

环境建设：为充分发挥这一阵地的教育作用，我们进行了精心的室内设计。踏入其中，雷锋的一生如画卷般徐徐展开，从他的成长历程到感人事迹，详细的生平介绍让同学们全方位了解雷锋其人。一句句雷锋经典语录醒目地陈列着，尤为重要的是，雷锋的七种精神被一一剖析、生动展现，同学们深刻领悟其内涵；还有那些或广为人知、或鲜为人知的雷锋故事，吸引着大家驻足观看。通过这样沉浸式的环境营造，希望能打破同学们与雷锋精神之间的距离感，让他们感觉仿佛与雷锋并肩同行，亲身感受那份温暖与力量，进而在日常生活中践行雷锋精神。

方案先行：精心制定"雷锋讲堂"活动方案，明确参与演讲人员与要求。在课程实施阶段，注重收集并整理各类相关材料。该活动每月定期举行，旨在通过多样化的形式，引导学生深入学习雷锋精神。具体形式如下。

第一，宣传推广：借助微信公众号等宣传平台，广泛传播雷锋的光辉事迹，同时对各班涌现出的雷锋式人物的先进事例进行大力宣扬，营造浓厚的学习氛围。

第二，年级主题学习：组织学生深入学习雷锋精神，传承优良传统。鼓励学生积极寻找身边具有不同优秀特质的"雷锋榜样"，如在助人、环保、友善、奉献、公益、谦让、孝顺等方面表现突出的同学，引导学生以身边典型为标杆，立志成为新时代雷锋精神的传承者。

第三，模范巡讲：依托"雷锋讲堂"这一平台，创建"雷锋就在你我身边"微话题，积极邀请各年级的优秀学生代表，或者从第三方视角挖掘身边的雷锋榜样，开展模范巡讲活动。通过讲述他们的真实故事，让先进事迹广泛传播，从而感染并带动更多学生积极参与"雷锋讲堂"活动中。①选拔推荐。演讲者先在班级进行自荐，再由年级依据表现择优推荐。②活动筹备。入选的演讲者需进行活动演练与彩排，确保演讲质量。③正式演讲。开场视频：播放微视频《你的样子》，以生动的画面讲述"雷锋"的点点滴滴，为活动奠定情感基调。演讲者介绍：简要介绍演讲者的基本信息与相关事迹，让听众对演讲者有初步认识。主题演讲：演讲者围绕主题展开精彩演讲，分享自己对雷锋精神的理解与感悟。总结颁奖：年级主任对活动进行全面总结，从不同视角引导学生深入思考雷锋精神的内涵，这些智慧的总结犹如点睛之笔，不仅拓宽了学生的视野，更为他们的人生道路指明了前行方向。随后，为演讲者颁发"雷锋讲堂"证书，以资鼓励。

在活动进程中，遇到很多困难，如故事的选题、发言稿的撰写等，每次遇到困难，我们都要寻求各班班长的支持。结合雷锋身上的七种精神及学校30个"特人物"的品质，帮助学生捋清思路，加深学生对雷锋精神的认知和理解，进一步引领学生在活动中践行和弘扬雷锋精神。弘扬雷锋精神，必须解决三个问题：一是要认识雷锋，了解雷锋的生平事迹，理解雷锋在平凡工作中彰显出的伟大精神，让学生们走出学雷锋神秘感的误区；二是结合学生实际，确立学习雷锋的七种精神，帮助师生正确领会雷锋精神及其现实意义，使师生懂得"学雷锋，很简单，只要去做，人人都是活雷锋"的道理；三是教育和引导学生坚持在日常学习生活中，从点滴小事做起，从身边实事做起，努力争做堪当民族复兴重任的时代新人。

同学们讲述了日常学习生活中的"当代雷锋"，他们有的珍惜时间，有的勤奋好学，有的团结友爱，有的艰苦朴素，有的诚实守信，有的无私奉献，有的勇于克服困难……一个个鲜活的故事打动了在场的每位同学。

通过这一活动，引导学生向外探索，促进学生向内思考，由最开始的我看（观看影片）——我听（听取先进事迹宣讲）——我讲（挖掘身边的雷锋故事）——我选（选出班级优秀的雷锋人物）——我行（学生在认知、接受先进人物的优秀品质后，群起效仿，转化为自觉行为），实际上这也是学生自我教育的过程，从而形成正确的人生观、价值观和世界观，达到知行合一。

活动效果

正是在雷锋精神的感召下，寒假、暑假社会实践活动如火如荼，同学们纷纷走进街道、社区、场馆，在服务社会、服务群众的同时，增长了自身的见识与知识，全方面地丰富了自身素养，在参与中收获付出的喜悦，感悟肩上的重任。在实践之际，不忘将实践的内容与心得进行总结与巩固，让假期社会实践的经历真正成为成长路上的巨大助力。现在，无论在校园，还是在家庭、社会生活中，学生无时无刻无处不在沐浴雷锋精神文化，潜移默化接受着雷锋精神的洗礼。（郝敏）

4.4 竞选/班级职务招聘会"我的生涯我做主"

"纸上得来终觉浅，绝知此事要躬行"，在校园这片充满希望与活力的育人天地里，知识的汲取固然重要，但实践体验所带来的成长与收获更是不可或缺。为了帮助学生更全面、更深入地了解自我发展现状，锻炼个人综合能力，提升生涯意识，进一步明确自身责任，共同建设优秀的班集体，高一年级委员会精心策划并开展了一场别开生面的"班级职务招聘会"活动。这场活动宛如一颗投入平静湖面的石子，在学生们的学习生活中激起了层层涟漪,带来了诸多意想不到的积极影响。

第一,活动背景与意义。在传统的教育模式下,学生们大多是通过书本知识去了解各种职业、职责以及社会交往的相关内容。然而,现实社会中的诸多场景,如求职面试等,仅靠书本上的理论描述,学生们很难真正领悟其中的精髓,也难以将其内化成为自己的能力。"班级职务招聘会"活动的应运而生,正是为了打破这种局限,让学生们从被动接受知识的角色转变为主动参与实践的探索者,在模拟的真实情境中去亲身体验、去深度感受,进而实现自我成长与发展。

从个人综合能力的锻炼角度来看,无论是担任面试官还是应聘者,学生们都需要运用到多方面的技能。对于应聘者而言,撰写简历要求他们能够清晰、有条理地梳理自己的过往经历、优势特长以及对所应聘职务的理解与期望,这锻炼了他们的文字组织能力和自我认知能力。而在面试过程中,如何清晰流畅地表达自己的想法、应对面试官的各种提问,又考验着他们的语言表达能力和应变能力。同样,对于学生面试官来说,他们需要学习如何制定合理的面试方案、把握面试节奏、准确判断应聘者的综合素质,这涉及组织协调能力、沟通能力以及客观分析问题的能力等。通过这样的活动,学生们在实践中不断打磨这些能力,为今后步入更广阔的社会舞台奠定坚实的基础。

提升生涯意识对于学生们来说至关重要。在成长的道路上,他们迟早要面临职业选择等关乎人生走向的重要决策。通过参与"班级职务招聘会",学生们能够提前了解招聘求职这一常见的社会环节,明白不同职务所对应的职责要求,进而思考自己的兴趣所在、优势所在,初步探索适合自己的发展路径。这种早期的生涯意识启蒙,会像一颗种子,在他们心中慢慢生根发芽,引导他们在未来的学习生活中更加有意识地去积累相关经验、培养相应能力。

从班级建设的层面来讲,班级职务承载着管理班级事务、服务同学的重要使命。通过这样公开透明的招聘形式，能够选拔出真正有热情、有能力的同学来担任相应职务，从而更好地履行职责，为营造良好的班级氛围、打造优秀的班集体贡献力量。在整个活动过程中，同学们之间的交流互动增多，团队协作意识也会得到增强，大家朝着共同的目标努力，进一步凝聚了班级的向心力。

第二，活动形式与亮点。活动采用了角色扮演的形式，这一设计可谓独具匠心。设置5个真实的班级内部职务，让一部分学生做面试官，另一部分学生做应聘者，巧妙地模拟出了真实招聘会的场景。这种形式打破了传统班级职务分配的固有模式，以往多是由教师指定或者同学推选，而现在则赋予了学生更多的自主选择权和参与感。学生们仿佛置身于一个小型的社会职场环境中，从课本中"走出来"，亲身体验和感受招聘会的氛围。他们不再是简单地听教师讲解招聘面试的流程和要点，而是实实在在地成为其中的角色，去经历每一个环节，去面对各种可能出现的情况。这种沉浸式的体验，使得他们对招聘会的理解更加深刻，记忆也更加牢固。与真实的招聘会一样，在这个模拟活动中，应聘者需要精心准备自己的简历，突出自己的优势和对岗位的适配性。他们要思考如何在有限篇幅的简历中展现出自己最有价值的一面，这就如同在社会求职中，要在众多求职者中脱颖而出，必须要有独特的亮点。而面试官们则要秉持公正、客观的原则，依据班级的实际需求，对应聘者进行全面的考察。他们要学会从众多的候选人中筛选出最合适的人选，这对他们的判断力和决策力是一种很好的锻炼。此外，活动中的各个环节都紧密相连，相互呼应，形成了一个完整的体系。从最初的启动培训，到中间的活动推进，再到最后的实施开展以及总结表彰，每一个阶段都不可或缺，且都有着明确的目标和任务，让学生们在有序的流程中逐步深入体验，充分发挥自己的主观能动性，也确保了活动的高质量开展。

第三，活动开展的具体阶段。

第一阶段：招聘会启动、前期培训。这一阶段是整个活动的基础铺垫，如同大厦的基石，起着至关重要的作用。全体学生参与班级职务招聘启动会，在启动会上，教师会详细地向同学们介绍活动的整体内容、目的以及预期的效果，让大家对这场别开生面的活动有一个宏观的认识。同时，明确自身任务也是关键所在，同学们需要清楚自己在接下来的活动中是要扮演面试官还是应聘者的角色，以及相应角色所肩负的具体责任。面试礼仪的培训则让学生们了解到在正式场合中应有的言行举止规范。比如，坐姿要端正，展现出良好的精神风貌；眼神交流要自然、真诚，传递出对他人的尊重；说话的语气要温和、态度要礼貌，用词要恰当得体等。这些看似细微的方面，却在很大程度上影响着他人对自己的第一印象，无论是在校园的模拟面试还是未来的社会求职中，都是不容忽视的要点。而简历撰写和面试技巧的培训更是重中之重。

● 案例

在简历撰写方面，教师会指导学生们如何合理布局简历内容，从个人基本信息、学习经历、社会实践经历，到所获得的荣誉奖项、个人特长等，都要按照一定的逻辑顺序进行排列，并且要突出重点，避免冗长繁杂。例如，对于应聘班级宣传委员这一职务的同学来说，就要着重体现自己在绘画、写作、组织宣传活动等方面的相关经历和能力，让面试官一眼就能看出其与岗位的匹配度。面试技巧的培训则涵盖了多个维度。首先是如何进行自我介绍，要简洁明了又能吸引人，突出自己的核心优势和对岗位的热情；其次是如何应对面试官的提问，要学会认真倾听问题，思考片刻后再有条理地作答，不能因急于回答而导致条理不清。同时，还要注意语言的流畅性和准确性，避免出现过多的口头禅或者模棱两可的表述。此外，对于一些可能出现的突发情况，如一时紧张忘记了准备好的答案，要学会巧妙地缓解紧张情绪，灵活应对，通过回忆相关知识点或者转换角度来作答。学生面试官在此阶段还需要参与岗位职责撰写、面试方案撰写、沟通技巧等培训。岗位职责撰写要求他们结合班级实际情况，明确各个职务具体要负责哪些事务，比如班级学习委员不仅要协助教师收发作业，还要组织学习交流活动，提高班级整体学习氛围等。面试方案撰写则涉及确定面试的流程、时间安排、提问的大致方向等内容，要确保面试能够全面、公正地考察应聘者。沟通技巧的培训对于面试官来说尤为重要，他们要学会用恰当的语言引导应聘者充分表达自己的想法，同时又能在交流中准确获取关键信息，做出合理的判断。（刘心亮）

第二阶段：招聘会活动推进。各岗位面试官在这一阶段可谓是肩负重任，他们需要群策群力，完成岗位说明书的撰写。岗位说明书详细地列出了该职务的主要职责、工作目标、所需具备的能力以及与其他岗位之间的协作关系等内容。例如，班级生活委员的岗位说明书中，要明确其职责包括管理班级班费的收支情况、负责班级卫生用品的采购、组织班级大扫除等活动，工作目标是营造整洁、舒适的班级学习生活环境，所需具备的能力有良好的财务管理能力、组织协调能力以及责任心等。通过撰写岗位说明书，面试官们对岗位有了更深入的理解，也为后续的招聘工作提供了清晰的标准。

各班级的应聘者同学们同样积极投入到筹备面试的工作中，撰写个人简历成为他们的首要任务。他们会认真回顾自己过往的经历，挖掘自己的闪光点，将其融入到简历之中。有的同学为了让简历更加美观、专业，还会学习使用一些办公软件进行排版设计，这无疑又提升了他们的信息技术应用能力。在撰写简历的过程中，同学们也在不断地反思自己，更加清晰地认识到自己的优势和不足，为今后的自我提升指明了方向。同时，全体学生参与中期培训会，这是一个承上启下的重要环节。在会上，教师会再次梳理招聘会的流程，让同学们对各个环节更加熟悉，避免出现因流程不清晰而导致的混乱情况。并且，会进一步讲解面试技巧，针对同学们在前期准备过程中遇到的问题进行答疑解惑，帮助大家更好地完善自己的面试准备工作。学生面试官们还需要参与岗前培训，梳理面试方案，明确面试官的职责和任务。岗前培训就像是一场最后的"战前动员"，让面试官们以最佳的状态投入到即将到来的面试工作中。他们会再次核对面试方案的各个细节，确保提问的科学性、合理性，同时也会强化自己作为面试官的责任意识，要秉持公平、公正、公开的原则，为班级选拔出真正优秀的人才。

第三阶段：招聘会实施开展。经过前期的精心筹备，招聘会正式拉开帷幕，整个校园仿佛变成了一个小型的人才市场，充满了紧张而又热烈的氛围。

● 案例

学生面试官们早早地准备就绪，他们穿戴整齐，带着自信而又严肃的神情，坐在面试桌前，等待前来应聘的同学。面试桌上摆放着精心准备的面试资料，包括岗位说明书、面试评分表等，一切都显得井井有条。作为应聘者的学生们也怀揣着激动与期待，根据自己投递的岗位，手拿简历大步迈向面试地点。他们有的步伐沉稳，透露出自信；有的略显紧张，但依然鼓足勇气前行。在前往面试地点的途中，他们或许还在心里默默回顾着自己准备好的自我介绍和可能会被问到的问题的答案，那种既紧张又兴奋的心情，与真实的求职面试别无二致。面试小组认真负责，组织前来面试的同学排队等待，依次进行面试。在排队等待的过程中，同学们之间虽然也会有一些小声的交流，但更多的是在暗自给自己加油打气，调整状态。当轮到自己进入面试房间时，那种紧张感会瞬间提升，然而大多数同学都能很快地调整过来，以最好的面貌面对面试官。面试官有条不紊地开展面试工作，他们首先会让应聘者进行自我介绍，在这个过程中，仔细观察应聘者的神态、语言、动作等。接着，会针对岗位工作具体情况进行面试问答，比如对于应聘班级体育委员的同学，面试官可能会问到"如果要组织一场班级篮球赛，你会如何策划和安排""如何提高同学们参与体育锻炼的积极性"等问题，通过这些问题来考察应聘者的组织能力、沟通能力以及解决实际问题的能力。同时，面试官会对应聘者的表现予以记录，从回答的内容、表达的流畅性、思考的深度等多个维度进行评分，以便最后能够综合评估，选出最合适的人选。为保证招聘会的顺利进行，高一年级的教师们积极参与到活动组织管理过程中。他们在各个面试场地穿梭，及时解决出现的各种小问题，比如设备故障、时间协调等。教师们还会在一旁观察学生们的表现，看到他们认真投入的样子，脸上露出欣慰的笑容。整个模拟招聘会现场气氛热烈，同学们的积极性和参与度都很高，每个人都在这个舞台上尽情地展现着自己，为了心中的目标而努力。（徐欣悦）

第四阶段：总结和表彰，面试结束后，全体学生参加表彰大会。这既是对整个活动的总结回顾，也是对同学们在活动中优秀表现的肯定与鼓励。比如，有的同学在简历撰写上独具匠心，能够充分展现自己的特色；有的同学在面试中表现得沉着冷静，回答问题条理清晰，这些都是值得大家学习的地方。同时，也会提到一些共性的问题，像部分同学在面试时过于紧张，影响了发挥等。接下来，就是备受瞩目的评选环节，要评选出最佳面试官和最佳应聘者代表。评选的标准是多方面的，对于最佳面试官来说，要看其在面试过程中是否能够严格按照面试方案执行，是否做到了公平公正地对待每一位应聘者，以及在沟通引导方面是否表现出色等；对于最佳应聘者，则综合考量其简历质量、面试表现，包括自我介绍的吸引力、回答问题的准确性和深度等因素。最终评选出的代表们登上领奖台，接过荣誉证书和奖品，那一刻，他们脸上洋溢着自豪的笑容，台下的同学们也报以热烈的掌声，向他们表示祝贺。

总之，每一次的用心尝试，都会开启一段全新旅程，这场"班级职务招聘会"活动也不例外。活动结束后，学生们都有所思考和收获，这些收获不仅体现在知识和技能的提升上，更体现在对自我、对班级、对未来的更深层次的认知上。

从学生个人角度来看，他们通过参与活动，真切地感受到了自己在某些方面的成长。那些原本在众人面前讲话都会紧张得结结巴巴的同学，经过多次的面试练习，变得更加自信大方，语言表达能力有了显著的提高。而在撰写简历和应对面试问题的过程中，他们对自己的优势和不足有了更清晰的认识，知道自己擅长什么、需要改进什么，这为今后的学习和自我发展提供了明确的方向。同时，这种实践体验也让他们积累了宝贵的经验，对于未来真正步入社会参加求职面试不再那么恐惧和陌生，而是有了一定的底气和自信。

对于班级整体而言，通过这次活动，班级的凝聚力得到了进一步的提升。在整个招聘过程中，同学们之间相互交流、相互帮助，为了共同的目标——选拔出合适的班级职务担任者而努力。无论是面试官之间讨论面试方案，还是应聘者之间分享简历撰写经验，都增进了同学之间的情谊，营造了良好的班级氛围。而且，通过公开招聘选拔出来的班级干部，更能得到同学们的认可和支持，在后续的班级管理和服务工作中也会更加得心应手。这不仅有助于班级各项事务的顺利开展，也有助于打造出更加优秀的班集体。

从长远的教育意义来看，"班级职务招聘会"证明了实践活动在学生成长过程中的重要性，让教育者们更加重视通过多样化的实践形式来提升学生的综合能力和素养。同时，也为后续开展类似的生涯教育活动提供了宝贵的经验，如何进一步优化活动流程、提高活动效果等都有了参考依据。

总之，这场"班级职务招聘会"活动就像一场生动的成长课，让学生们在实践中学习，在体验中感悟，真正做到了"我的生涯我做主"。它在学生们的校园生活中留下了浓墨重彩的一笔，也为他们未来的人生道路点亮了一盏明灯，激励着他们不断前行，去探索更广阔的天地，书写属于自己的精彩篇章。

学生及家长感言

宋同学：泻水置平地，各自东西南北流。高中三年终将结束，我们也终将各奔东西，该以何种姿态去面对未来成人社会的种种，值得我们思虑，而模拟职业招聘，对我们而言是步入社会前一次很好的锻炼机会。在这次的活动中我表现出了良好的状态，并总结了一些经验，我认为最重要的就是要放平心态，把自己最好的一面展示给面试官。在面试的过程中，我始终保持与面试官对视交流，尽量克制一些小动作，放松身心，这样可以展现出自己的自信。在排队等待时，我会倾听其他同学面试时的发言以及面试官的一些问题，并提前梳理好一些可能会出现的问题的答案，做好准备。在被面试官问到没有准备的问题时，我会先停下来思考几秒钟再进行回答，语速会放慢一些，以便从容应对。我认为这次的活动意义非凡，通过这次活动，我们提早地了解并体验到了面试的过程，给我们以后需要经历的社会生活积累了经验。

叶同学：此次模拟招聘活动圆满地结束了，我感触良多。虽然我作为面试官同学不需要书写简历，但是需要我对各位面试者的简历快速熟悉。即使做好了准备，仍然有许多突发事件，这不仅锻炼我的应对能力，而且提高了自己的沟通水平，也让我收获了友谊和经验，丰富了我的学习生活。

杨同学：今天参加了校园招聘的活动，在活动中，我了解到了一些有关招聘的常识。老师在讲解的过程中说道，简历是面试中较为重要的一个环节，所以要将简历做得较丰富，让面试官一眼看到我们的长处。在今天

的实践中,我看到部分同学的简历比我做的充实很多,有许多同学在简历上体现出对对应岗位有充足的知识储备,这使我意识到自己应加强对于简历的规划。在面试过程中,我有时因为紧张而支吾,这也容易降低面试成功的可能性。通过这次招聘会,我会积累经验,希望以后可以做得更好。

尹同学家长:非常感谢学校给孩子们展示自己才能的机会。跟孩子聊了聊,我有三点感受。第一是真诚:让孩子印象深刻的是,面试官准备充足,提问认真、仔细且态度和蔼可亲,让孩子放下紧张的心情,放平心态介绍自我。第二是不打无准备之战:孩子对应聘的职务了解透彻,有利于在跟面试官沟通时提出一些有价值的观点。第三是要尽可能放大自己的优势:通过凸显自己在这方面的优势,以及自己的努力,希望以后能够得到更大的发展。我觉得通过这次招聘会,每个人要对自己有信心,选择大于努力,坚持下去,你获得成功的时间会缩短,选择自己喜欢的、感兴趣的,然后一直坚持下去!

石同学家长:现在的孩子社会实践少,有这样一个机会体验社会招聘,是非常有意义的。首先,青春期的孩子们渴望被家长认可,今天终于有一个可以实践的地方了。虽然只是模拟,但是在活动的时间段里,他们是一个不再依托父母的"成年人"。那个时候只能靠自己,完全用个人能力来争取职位。换句话说,他们体验到了"独立"。其次,在几轮面试后,总会有不能胜任或不被面试官选中的情况,这时候他们体验到了挫折。当拿到自己喜欢职位的聘书时,他们的内心才真正地满足。孩子今天很高兴,因为他收到了聘书。我们做家长的也很欣慰,但欣慰的背后也有我们的担忧。这只是模拟,真正进入社会后还会遇到更多的压力、更复杂的事件,那个时候他们能不能也顺利解决呢?人都是在挫折和摔倒中不断成长,希望学校在学习之余能有更多的活动让孩子们体验社会常态,让他们悟出个人能力的重要性。用这样的方式引导孩子努力学习,不枉青春,不枉寒窗多年的苦读。

杨同学：这次招聘会不仅检验了我之前练习口才的成果，也为我讲话层次的提升开启了一个新的大门，让我意识到原来我还有这么大的进步空间。而且每位同学的发言都让我深刻意识到面试的不易，它不仅考验我们的口才，还有我们的语言组织能力和反应能力，这次模拟招聘对每个人来说都是一个不小的挑战吧。未来我们走向职场，踏上的道路不会是平坦大道，或充满荆棘，或泥泞难行，这都需要我们从现在从点滴开始积累提升。

姜同学：模拟招聘开阔了我们的眼界，让我们亲身感受到一个企业招聘人才有何要求。我们需要更多的实践经验，将理论知识和实践紧密结合。我们要有长远的目光，不能一步登天，要脚踏实地认真完成工作任务。要想通过面试，不仅要有足够优秀的实力，也要有随机应变的能力，以及对于岗位的深刻思考，有较强的责任心，更重要的，是那一份真挚诚恳的心和落落大方的言谈举止。高中阶段培养的不仅是优秀的学习成绩，还有让我们如何更好地融入社会，在优胜劣汰的社会环境中脱颖而出的能力。新时代的青年，更应该成为有理想有担当有能力的先进青年，在书本中学习文化知识，在实践中提高能力。感谢这次经历，让我们从现在就努力为以后做好铺垫。

张同学家长：今天学校组织了一场别开生面的校园模拟招聘会，孩子们都是第一次参加这样的招聘会，从期待到现场体验，再到满满的收获。作为学生家长，我首先感谢学校能给孩子们创造这样一个展示自我、提升自我的平台。同时也能激励孩子们更好地学习，更能帮助孩子规划未来。孩子对此次校园模拟招聘会十分重视，从制作个人求职简历，到自我求职介绍，都精心准备，使孩子受益良多。这次活动帮助孩子在生涯规划中更好地寻找未来职业方向，进一步提升自身能力和素质，把自己最优秀的一面展现出来。

王同学家长：作为学生家长，首先热烈祝贺交大附二分校今天下午成功举办了校园模拟招聘会,感谢校领导和老师们给学生们提供"展示自己、体验社会"的良好契机。校园模拟招聘会对拓宽学生就业视野、提高学生面试技能、引导学生探索自我职业兴趣和潜在职业能力起到了灯塔般的指引作用。孩子通过自己设计求职简历,进一步提升了创新思维能力。同学们通过模拟求职者的角色,更加深入了解到当今社会就业方式日趋多样化,切身体验通过自身努力进行自我完善后,自主选择职业的感受,从而锻炼学生的表达能力、应变能力、学以致用的能力、社会实践能力等。

4.5 出彩/"社"彩缤纷 团聚青春

在当今校园的多元生态中,学生社团犹如熠熠生辉的繁星,照亮了学生们课余生活的广阔天空,以其独特的魅力和深远的影响力,成为校园文化建设中一股不可忽视的蓬勃力量。它不仅是学生兴趣爱好的汇聚地,更是培养综合素质、塑造健全人格的重要平台,在学生的成长历程中扮演着至关重要的角色。

第一,学生社团的意义和价值。学生社团是学生基于共同的兴趣、爱好、志向等因素自发组成的群众团体,具备诸多显著特点。其覆盖面广,能涵盖不同领域、不同类型的兴趣方向,让有着各种喜好的学生都能找到属于自己的"小天地";辐射能力强,一旦形成良好的社团氛围,便能在校园中产生涟漪效应,带动更多同学参与其中,共同营造积极向上的校园文化;发展迅速则体现了学生们对社团活动的热情以及社团本身所具有的强大生命力。对于学生来说,校园学习生活固然重要,但课余时间也需要多姿多彩的活动来填充。社团活动打破了传统课堂学习的局限,为学生提供了一个可以放松身心、尽情探索自己热爱事物的空间。在这里，学生们可以暂时抛开课本知识的束缚，沉浸在自己感兴趣的领域，无论是在球场上尽情挥洒汗水，还是在绘画中勾勒心中的美好世界，亦或是在辩论场上唇枪舌战，都让课余生活变得充实而有趣。在繁荣校园文化方面，学生社团更是功不可没。校园文化不应仅仅局限于课堂教学和校规校纪，它更应该是充满活力、多元包容的。众多社团开展的各类活动，如文艺演出、科技展览、体育赛事等，如同五彩斑斓的画笔，为校园文化这幅画卷增添了绚丽的色彩。不同社团所代表的不同文化元素相互交融、碰撞，形成了独特且富有魅力的校园文化氛围，让整个校园充满了生机与活力。在提高学生综合素质上，社团活动是绝佳的锻炼场。学生们在参与社团活动的过程中，需要运用多方面的知识和技能，这促使他们不断学习、不断积累。例如，组织一场社团活动，涉及活动策划、人员安排、宣传推广、物资筹备等多个环节，这对学生的组织协调能力、沟通能力、团队合作能力等都是一种实实在在的锻炼。同时，面对活动中出现的各种突发情况，学生们需要学会灵活应对，锻炼了他们的应变能力和解决问题的能力，全方位提升了他们的综合素质。而对于培养高素质创造性的人才而言，社团给予了学生充分的自由和空间去发挥想象力、创造力。在社团中，没有固定的标准答案，学生们可以大胆尝试新的想法、新的创意，将自己独特的思维融入社团活动的各个方面。比如在机器人社团，学生们可以自主设计、制作机器人，探索科技创新的无限可能；在创意写作社团，他们可以尽情挥洒笔墨，创作出独具风格的文学作品。这种自由创造的环境，为培养具有创新精神和实践能力的高素质人才奠定了坚实基础。再者，在保障学生完成学习任务且不影响正常教学秩序的前提下有序开展，通过创设良好的学校社团文化情境，开展丰富的社团文化活动，营造出积极向上、生动活泼的校园文化氛围。这种氛围就像一个无形的磁场，潜移默化地影响着学生的心理和行为。它以情境吸引人，让学生主动参与其中；以文化熏陶人，使学生在不知不觉中受到良好品德和价值观的浸染；以氛围感染人，激发学生内心积极向上的情感。在这样的环境中，学生更容易形成良好的心理品质，如自信、坚韧、责任感等，为他们的品德修养和人格塑造起到了积极的推动作用。同时，在面对困难和挫折时，学生在社团活动中培养的自我调控能力、挫折承受能力、环境适应能力等得以发挥作用，帮助他们更好地应对挑战，塑造健全的人格和良好的心理品质。社团活动大多是以集体形式开展的，学生们在共同参与、共同努力的过程中，自然而然地培养了集体主义精神，增强了团队协作意识，这对于提高全体学生的心理素质、促进学生的全面发展有着重要意义。

第二，我们的"社"彩缤纷。学校的社团由社团联合会主理，社团联合会在社团管理中发挥着核心作用。它主要行使管理、监督、评价和服务的职能，每一项职能都关乎社团的健康、有序发展。审批社团学分，保障了社团活动在学校教育体系中的认可度，激励学生积极参与社团并取得相应成果；处理社团提案，为社团与学校之间搭建了沟通的桥梁，让社团的声音能够被听到，问题能够得到及时解决，权益能够得到有效维护；筹划各种社团活动，使得社团活动能够更加丰富多彩、有计划地开展，避免了活动的盲目性和随意性；进行星级社团评定和表彰，则是对优秀社团的肯定和鼓励，通过树立榜样，激发各社团之间的良性竞争，促进整体社团水平的提升。而社团联合会的核心成员由全体社长代表民主选举产生，这一民主的产生方式保证了管理团队能够代表广大社团的利益，充分了解社团的实际需求，从而更好地履行管理职责，推动社团不断向前发展。

我们的学生社团，可谓是种类繁多、各具特色，涵盖了艺术、体育、科技、人文等多个领域，犹如一座丰富多彩的兴趣乐园，满足了不同学生的多元需求。球社会聚了一群热爱球类运动的同学，无论是篮球、足球还是乒乓球等，他们在这里切磋球技、挥洒汗水，通过各种比赛和训练活动，不仅提升了自己的运动水平，还培养了团队合作精神和竞争意识。拳击社则展现出了别样的力量与激情,作为北京市海淀区唯一的拳击队所在社团,多年来培养输送了大批优秀队员,在市运动会等诸多赛事中屡获佳绩,得到了区政府和区体育局的高度肯定,学校也因此荣获海淀区政府颁发的"突出贡献单位奖"。同时也吸引了众多怀揣体育梦想的同学加入,他们在这个充满挑战的领域中锻炼自己的意志和身体素质。3D打印社紧跟时代科技潮流,将学生们带入一个充满创新和探索的科技世界。在这里,同学们可以学习3D打印技术的原理和操作方法,发挥自己的创意,将脑海中的奇思妙想通过3D打印机转化为实实在在的作品。从简单的小摆件到复杂的模型设计,每一个作品都是他们创新思维和实践能力的结晶,激发了学生对科技创新的浓厚兴趣,也为培养未来的科技人才埋下了种子。辩论社是思维碰撞的舞台,学生们在这里围绕各种热点话题展开激烈辩论。在唇枪舌战的过程中,他们锻炼了逻辑思维能力、语言表达能力和批判性思维能力。通过查阅资料、组织论点、反驳对方,不断拓宽自己的知识面,学会从不同角度思考问题,培养了独立思考和分析问题的能力,同时也增强了在公众场合表达自己观点的自信。少年电影学院则为热爱电影的学生们提供了一个专业又有趣的平台。从电影的拍摄、剪辑到表演等各个环节,学生们都可以亲身体验,感受电影艺术的魅力。他们可以自己创作剧本,组建团队拍摄微电影,通过镜头讲述自己心中的故事,展现独特的校园生活和青春风采。在这个过程中,不仅提升了艺术审美能力,还掌握了影视制作的相关技能,为有电影梦想的同学开启了一扇探索之门。机器人社充满了科技与智慧的气息,学生们在这里钻研机器人编程、机械结构搭建等技术,通过参加各类机器人竞赛,与其他学校的团队一较高下。他们在不断尝试和改进的过程中,培养了创新能力、动手能力和解决复杂问题的能力,为未来投身科技领域积累了宝贵的经验。书法、绘画、合唱等社团则侧重于艺术素养的培养。书法社的学生们在笔墨纸砚间领略中华传统文化的博大精深,通过临摹、创作,磨炼自己的心性,提升书写水平和艺术修养；绘画社的学生们用画笔描绘出心中的美好世界，无论是写实的风景、人物，还是抽象的创意画作，都展现了他们独特的艺术视角和丰富的想象力；合唱社则将热爱唱歌的同学们会聚在一起，通过和声训练、曲目排练，感受音乐的和谐之美，提高声乐水平，同时也培养了团队协作和舞台表演能力。

丰富多彩的社团活动始终秉持着"让每个学生得到全面发展，让每一位学生找到自信，让每一位学生拥有成功的希望，让每一位学生个性得到张扬"这一发展理念，为学生们创造理想的成长空间。在这里，学生找到属于自己的位置，充分发挥自己的潜力，实现个性化的成长。无论是内向的学生在书法社中找到内心的宁静，逐渐变得自信开朗，还是外向的学生在辩论社中锻炼口才，更加光芒四射，社团都给予了他们展现自我、成就自我的机会，让他们在校园里体验快乐、健康成长。

各大社团凭借其具有思想性、艺术性、知识性、趣味性、多样性的社团生活，像磁石一般吸引着广大学子积极参与其中。

第三，五星级社团。社团分为成长社团、发展社团、标准社团和三星级、四星级、五星级社团。

● 案例

星级社团评选

每学期结束时开展星级社团评选活动，一般在1月及7月。流程如下：

负责部门提前发出通告，公布有关团队荣誉评选办法和时间节点；

学生社团按照通知详情，进行自主申报，并向团委和社团联合会提供申报材料；

星级社团评选需要向团委与社团联合会述职；

团委与社团联合会进行评选与结果公示；

上报主管部门审核与结果公示。

（郝敏）

在众多社团中，民乐团与拳击社尤其值得一提，它们宛如两颗璀璨的明珠，在长期的开办过程中创造了令人瞩目的成绩，成为学校社团的标志性存在，凭借深厚的内涵与专业的课程吸引着一批又一批的学子加入其中，传承着社团的独特魅力。

金马民乐团成立于1996年，是北京市最早成立的学生民乐团之一，承载着深厚的民族音乐文化底蕴，曾被授予北京市传统艺术学校的光荣称号。多年来，在市区校各级领导及各界专家的悉心关怀下，民乐团在艺术道路上不断迈进，取得了一系列令人瞩目的成绩。连续几年，民乐团凭借精湛的演奏技艺和出色的艺术表现力，在市级展演中荣获二等奖，这一荣誉不仅是对乐团成员们辛勤付出的肯定，也让更多人看到了学生民乐团的发展和成长。2018年8月，民乐团笙组的5名学生创造了一个令人惊叹的奇迹。他们从零基础开始学习，凭借着对民乐的热爱、坚持不懈的努力以及老师们的悉心指导，在全国器乐表演中一举夺得特金奖。这一成绩的取得，不仅是这5名学生个人的荣耀，更是整个民乐团的骄傲，极大地激发了全体学生学习民乐的热情。它向大家证明了只要有梦想、肯努力，即使起点较低，也能在艺术领域取得优异的成绩。

为了保障民乐团能够持续拿出高质量的演出作品，学校可谓是不遗余力，从各大音乐学院聘请了11位国家级的专家教师，组成了一支实力雄厚、专业素养极高的教师队伍。这些专家教师们不仅具备深厚的音乐理论知识，更有着丰富的教学经验和舞台实践经验，他们为学生的民乐学习提供了全方位、高水平的艺术辅导。无论是乐器演奏技巧的传授，还是音乐作品情感的把握，亦或是舞台表演艺术的指导，专家教师们都倾囊相授，让学生们在民乐学习的道路上少走弯路，不断进步。

北京市海淀区唯一的拳击队所在的拳击社，同样有着辉煌的发展历程和卓越的成就。多年来，学校高度重视拳击等体育项目的发展，投入了大量的人力、物力和财力,为拳击队的培养和训练创造了良好的条件。在这样的支持下,拳击社培养输送了一大批身体素质过硬、技术精湛、意志坚强的优秀队员。这些队员们在市运动会等各级各类体育赛事中,凭借着扎实的基本功、顽强的拼搏精神和出色的竞技水平,多次取得优异成绩,为学校赢得了荣誉,也为海淀区的体育事业发展做出了积极贡献。拳击社不仅在赛场上成绩斐然,还通过日常的训练活动,吸引了众多热爱拳击运动的同学加入。在训练中,同学们学习拳击技巧,锻炼体能,更重要的是培养了坚韧不拔的意志品质和敢于挑战自我的勇气,让拳击运动在校园中焕发出独特的魅力。

第四,社团的日常管理。

(1) 各社团会根据自身的特点和发展需求,主导自己的招新工作,而学校则给予全力支持,共同营造一个充满活力与竞争的招新氛围。每年新生入校之时,便是各社团魅力展示的关键时刻。为了在众多社团中脱颖而出,吸引到优秀的学子加入,各社团可谓是八仙过海,各显神通,使出了浑身解数。

制作海报是最常见也是最直观的一种招新方式。社团成员们充分发挥自己的创意和设计才能,精心制作出一张张色彩鲜艳、内容丰富的海报。海报上不仅有社团活动的精彩瞬间照片,展示出社团的活力与特色,还有简洁明了的文字介绍,包括社团的宗旨、主要活动内容以及加入社团能获得的收获等。海报瞬间成为校园里的一道亮丽风景线,吸引着新生们的目光,让他们对社团产生浓厚的兴趣。

校园摊位则是更为直接的一种互动式招新方法。社团成员们会在指定的地点摆上桌椅,展示社团的相关成果,如书法社的优秀书法作品、机器人社制作的机器人模型、摄影社拍摄的精美照片等,让新生们能够近距离地感受社团的魅力。同时,成员们还会热情地向路过的新生介绍社团情况,解答他们的疑问,并邀请他们现场参与一些简单的体验活动。比如绘画社可以提供画笔和画纸,让新生现场涂鸦;手工社可以准备一些手工材料,让新生尝试制作小工艺品等。通过这种亲身体验的方式,让新生们更深入地了解社团,增加他们加入社团的意愿。

赠送社团小礼品也是一种招新手段。准备一些与社团主题相关的小礼品,如印有社团标志的书签、徽章、明信片等,赠送给前来咨询的新生。这些小礼品虽然价值不大,但却很有纪念意义,而且能够让新生们感受到社团的用心和热情,从而对社团留下良好的印象。

邀请体验更是能够让新生直观了解社团活动的好办法。例如,舞蹈社可以邀请新生参加一节舞蹈体验课,让他们在课堂上感受舞蹈的乐趣和魅力;武术社可以组织新生进行简单的武术招式学习,体验武术的刚健有力;音乐社则可以邀请新生一起参与合唱排练,感受和声的美妙。通过这种体验式的招新方式,新生们能够更真切地了解社团活动的内容和形式,从而判断自己是否真正适合这个社团。

公示栏发布信息也是必不可少的一环。社团会将详细的招新信息,包括招新时间、地点、要求以及联系方式等,整理成规范的文档打印出来,张贴在校园的公示栏上,方便新生们随时查阅。同时,还会在学校的官方网站、微信公众号等平台发布招新信息,扩大招新的宣传范围,确保更多的学生能够知晓社团的招新动态。

(2)校团委在社团培训方面发挥着重要的引领作用,通过开展专门的培训活动,从社团活动的筹备、活动的流程、活动的管理三个方面进行具体的介绍,为学生们参与和运营社团筑牢知识根基。

在社团活动筹备环节,团委书记会详细讲解如何确定活动主题。一个好的主题是活动成功的关键起点,主题既要契合社团特色,又要能吸引广大同学参与,因此需要综合考虑当下校园文化热点、同学们的兴趣倾向以及社团自身发展方向等多方面因素。例如,科技类社团在筹备活动时,可围绕前沿科技成果展示、科技创新竞赛等主题展开,既能激发同学们对科技探索的热情,又能展现社团的专业与创新。同时,还会传授关于活动策划书的撰写要点,从活动目标、时间地点安排、参与人员分工,到活动预算、应急预案等各个板块,都需条理清晰、细致周全地呈现,让学生们明白一份完善的策划书是活动有序开展的蓝图。

对于活动的流程,团委书记会着重强调各个环节的衔接与把控。以一场校园文艺汇演为例,从前期的节目征集、筛选,到演员排练、舞台布置,再到正式演出时的节目顺序安排、现场灯光音效配合以及最后的谢幕环节,每一个步骤都需要精心安排,按照预定的时间节点有序推进。还要提前考虑到可能出现的突发情况,像演员临时生病无法参演、舞台设备突发故障等,制订相应的应对措施,确保活动能够顺利进行,不因意外而中断或影响效果。

在活动的管理方面,涵盖人员管理和物资管理等重要内容。人员管理上,要明确社团成员在活动中的具体职责,让每个参与的同学都清楚自己负责什么工作,避免出现职责不清导致的混乱局面。比如,在组织一场校园运动会时,有的同学负责运动员的报名登记,有的负责场地器材的准备,有的负责比赛现场的秩序维护等,各司其职才能保障活动高效运转。物资管理则要求学生学会合理规划和使用活动所需的物资,从活动道具、奖品的采购,到物资的存放、调配以及使用后的回收整理等,都要做到心中有数,避免浪费和丢失,确保每一份资源都能发挥最大的效用。

随后,会让学生围绕"你最感兴趣的社团是哪个?""是否有愿望自己开办社团?有什么设想?""在社团活动中,你看到的问题是什么?如何去改变这些问题?"进行深入思考。各小组同学积极参与,充分讨论,大家纷纷结合自己在社团中的亲身经历或是观察到的现象,各抒己见。有的同学分享自己对某个社团的热爱,是因为其活动充满创意,能不断带来新鲜感;有的同学则大胆提出想要开办一个聚焦传统文化传承的新社团,设想通过举办传统手工艺制作工坊、经典诗词朗诵会等形式来弘扬传统文化;

还有的同学指出当前部分社团活动存在参与度不高的问题，认为可以通过加强宣传推广、创新活动形式等方式来加以改善。在思维的碰撞中，同学们提出了对社团活动有价值的多项建议，比如建议社团之间加强合作，联合举办大型活动，扩大影响力，或是定期开展社团成员满意度调查，根据反馈及时调整活动内容等。学校会根据学生提出的建议调整工作策略，以更好地提升学生的参与感和幸福感，让社团活动真正贴合学生的需求和期望，成为校园生活中备受期待且富有意义的组成部分。

（3）学生自主开展培训内容涉及社团日常管理的诸多环节，彰显了学生在社团发展中的主体地位和积极主动性。在招新经验的分享方面，有经验的社团成员会把自己在过往招新过程中的成功做法和遇到的问题及解决办法毫无保留地传授给其他同学。他们会讲述如何在众多社团中突出自己社团的特色亮点，吸引新生的目光，比如怎样通过设计独特的宣传口号、打造别具一格的社团展示视频等方式来提升社团的吸引力。他们还会分享在与新生交流沟通时的技巧，如何快速了解新生的兴趣点，进而有针对性地介绍社团，提高招新的成功率。

社团活动的设计和实施培训则聚焦于如何打造更具吸引力和实效性的社团活动。同学们会一起探讨如何根据社团成员的特点和兴趣爱好来确定活动类型，如动漫社可以开展动漫角色模仿秀、动漫周边设计大赛等活动；文学社团则可以组织读书分享会、校园文学创作大赛等。在活动实施过程中，如何调动成员的积极性参与活动的各个环节，如何合理分配任务，确保活动从筹备到开展都能有条不紊地进行，都是大家重点交流的内容。例如，在组织一场校园环保创意大赛时，学生们会讨论如何鼓励更多同学参与创意设计，如何评选出最具创意又切实可行的方案，以及如何将这些优秀的创意进行展示和推广，让环保理念深入人心。

社团活动开展效果交流也是学生自主培训的重要板块。每次活动结束后，社团成员们会聚在一起，回顾活动的整个过程，分析哪些环节做得好，哪些地方还存在不足。比如在一场校园篮球比赛结束后，大家会讨论比赛的组织安排是否合理，是否给参赛选手提供了良好的竞技环境，现场的氛围营造是否到位等。通过这种交流，总结经验教训，以便在后续的活动中能够不断改进，提升活动质量。

社团的发展则着眼于社团的长远规划和可持续发展。同学们会共同探讨如何拓展社团的活动领域，吸引更多不同类型的同学加入；如何与其他社团、校外机构等建立合作关系，为社团发展创造更多的资源和机会；如何打造社团的品牌特色，让社团在校园中乃至更广泛的范围内拥有更高的知名度和影响力。例如，摄影社团与校外的摄影工作室合作，邀请专业摄影师来校开展讲座、指导学生作品，同时也将学生的优秀摄影作品推荐到校外平台展示，提升社团的专业性和影响力，为社团的长期繁荣奠定坚实基础。这些由学生自主设计和开发的课程、自主开展的培训活动，极大提升了学生自主管理社团的能力，让学生真正成为社团发展的掌舵者，在实践中不断成长，让社团在校园中焕发出更加蓬勃的生机与活力。

4.6 心理/抚心课程　护航学子健康成长

在当今社会高速发展的复杂环境下，中小学生面临着前所未有的心理挑战，加强心理健康教育已然成为教育领域的重中之重。国家和地区的教育相关部门多次发文强调其重要性，这不仅关乎学生自身的健康成长，更是契合社会发展对高素质人才的要求。学校秉持育人先育心的理念，将学生心理健康教育置于工作首位，经过长期不懈的探索与实践，构建起一套完备且行之有效的中学生心理健康教育机制，以心理抚心课程为核心，多维度、全方位地为学子的心理健康保驾护航。

第一，理念先行：以学生发展为根本。学校心理健康教育理念始终紧扣以学生发展为根本这一核心，遵循学生身心发展规律，致力于打造学生心理的和谐健康状态，强化人文关怀与心理疏导。中学生正处于身心迅速变化的关键阶段，不同年龄段有着不同的心理发展任务与特点，这就要求我们的教育工作必须精准对焦、有的放矢。例如，初一年级的学生刚从小学步入初中，面对新的学习环境、更复杂的学科体系以及众多陌生的面孔，往往会出现适应困难的情况。学校心理健康教育团队针对这一特点，在破冰课程中专门设置了"认识新环境，结交新朋友"的主题单元。教师通过组织"班级名片制作"活动，让学生分组合作，共同设计能代表班级特色的名片，在这个过程中，学生们不得不主动与他人交流想法、分工协作，进而快速打破陌生感，融入新集体。同时，引导学生分享自己在适应过程中的感受和困惑，教师再运用心理学知识给予针对性的建议，帮助他们顺利度过适应期。学生说："原本觉得离开熟悉的小学同学和老师，升入初一，来到一个陌生的环境，会有很多不适应，但在这短短的下午，我感受到人与人之间的友善和彼此的尊重，我渐渐喜欢上了这个班级、同学和老师。"又如，对于面临中考、高考压力的初三和高三学生，我们深知他们在学业负担加重的同时，容易产生焦虑、紧张等负面情绪。所以在心理健康课程里，安排了"应对考试压力"的系列课程。教师会邀请往届优秀毕业生分享自己的备考经验以及调整心态的方法，让学生们明白压力是普遍存在的，但可以通过合理的方式去化解。我们还会组织"模拟考场放松训练"，让学生在模拟考试环境中，运用深呼吸、积极暗示等放松技巧，切实感受这些方法对缓解紧张情绪的效果，帮助他们以更从容的心态应对重大考试，树立正确的升学观。

通过深度把握各阶段学生的心理需求，运用科学的知识与方法，我们全力培养学生良好的心理素质，助力其学科核心素养的提升，推动身心全面和谐发展，为抚心课程的扎实开展筑牢根基。

第二，整体思路：科学预防与发展并重。①遵循规律，注重实效。学校心理健康教育工作紧密围绕学生身心发展及心理健康教育自身规律展开，坚决杜绝形式主义，高度重视实践效果。在课程设计上，充分考虑学生的实际生活场景与心理困惑。比如在情绪管理课程中，教师引入了校园生活中的常见案例，如"因同学间的小误会而产生愤怒情绪后如何处理"。让学生们进行角色扮演，分别扮演产生误会的双方以及旁观者，模拟不同角色在该情境下的情绪反应和应对方式，再一起讨论哪种方式更有利于化解矛盾、平复情绪。这种基于实际案例的实践教学，让学生将所学心理知识与生活紧密相连，切实提升了他们应对情绪问题的能力，有效提高了心理健康教育的实效性。②立足教育，培养品质。立足教育与发展，挖掘学生心理潜能，培养积极心理品质是我们工作的重要方向。在日常校园生活里，我们积极为学生搭建展现自我的舞台。以学校的科技节为例，许多平时在学习成绩上表现并不突出的学生，却在科技作品展示环节大放异彩。有一位同学平时比较内向，学习成绩也处于班级中等水平，但他对机器人编程有着浓厚的兴趣和独特的创意。在科技节筹备过程中，老师鼓励他积极参与，帮助他完善作品创意和展示方案。最终，他的机器人编程作品赢得了同学们的阵阵掌声和评委的高度认可。这次经历让他自信心大增，在后续的学习和生活中他也变得更加积极主动，乐于与同学们交流合作，展现出了乐观、自信的积极心理品质。③预防为主，干预及时。学校建立了完善的学生心理健康监测体系，注重预防并及时解决学生发展过程中出现的心理行为问题，在面对应急和突发事件时能迅速开展危机干预。例如，曾经有一名学生在家庭发生重大变故后，情绪变得极度低落，学习成绩也一落千丈，并且开始出现回避社交的行为。班主任和心理教师通过观察以及与其他同学的交流，敏锐地察觉到了他的异常，第一时间查阅了该生的心理健康档案，了解到他之前的心理状况。随后，心理教师主动与他进行了多次深入的一对一谈话，耐心倾听他的内心痛苦，运用专业的心理疏导技巧，帮助他逐步正视家庭变故带来的影响。同时，班主任组织班级同学开展了一系列温暖有爱的班级活动，鼓励大家主动关心他、邀请他参与，让他感受到集体的温暖和支持。经过一段时间的努力，这名学生逐渐走出了阴霾，重新恢复了积极向上的状态。④全员参与，发挥主观能动性。全体教师秉持着强烈的心理健康教育意识，尊重每一位学生的个性差异，平等对待学生，运用科学的教育方法，充分调动学生的主观能动性，引导他们主动关注自身心理健康。在各学科教学中，老师们都能巧妙融入心理健康教育元素。例如，在英语课上，教师在讲解关于友谊的课文时，组织学生分组讨论自己理想中的友谊是什么样的，分享与朋友之间的难忘故事，引导学生思考如何建立和维护良好的人际关系，培养他们的人际交往能力和情感共鸣。在这样的氛围下，学生们逐渐养成了自主关注心理健康的习惯，学会运用所学知识自助调节情绪、解决心理小困扰，不断提升自我心理调适能力。

第三，条件保障：打造专业舒适的教育环境。为了给学生提供优质的心理健康教育服务，学校倾力打造了一系列功能完备的专业教室，为心理健康教育工作筑牢了坚实的物质基础。①心理咨询室：心理咨询室的接待谈话区，布置得格外温馨舒适，摆放着柔软的沙发、绿植，柔和的灯光营造出放松的氛围。曾经有一位学生因为与室友相处出现矛盾，心情十分低落，来到接待谈话区向心理教师倾诉。在这个安静且充满安全感的环境里，他逐渐放下了心里的防备，将内心的委屈、不满等情绪毫无保留地倾诉出来。心理教师通过耐心倾听、适时引导，帮助他从不同角度看待与室友的关系，找到了解决问题的方法，离开时他的脸上已经重新露出了笑容。阅读区则陈列着心理健康知识、励志故事、人际交往技巧等各类书籍杂志，一些学生在课余时间会主动来到这里，沉浸在书籍的世界里，汲取心理营养，拓宽自己对心理健康的认知视野。放松区的音乐放松椅备受学生喜爱，有的学生在面临考试压力时，会来到这里，戴上耳机，躺在放松椅上，伴随着舒缓的音乐，按照教师指导的放松方法，放空自己，有效缓解了紧张情绪。②心理学科专业教室：在心理学科专业教室的教学区，多媒体设备助力教师开展形式多样的教学活动。例如，在讲解心理健康知识中的性格类型时，教师通过播放有趣的动画视频，生动形象地展示不同性格类型的特点和表现，让学生们更直观地理解和区分，课堂氛围轻松活跃，学生们的学习积极性也被充分调动起来。心理测评区的专业软件，能够定期对学生进行全面的心理健康测评，生成详细的测评报告。有一次，测评报告显示部分学生在情绪稳定性方面存在一定波动，教师依据此结果，在后续的心理健康课程中有针对性地加强了情绪管理方面的教学内容和辅导活动，为精准开展心理健康教育提供了有力的数据支撑。③资源教室：资源教室的团体活动区经常举办各类丰富多彩的团体心理辅导活动。比如开展"信任之旅"的活动，学生们两两一组，其中一人蒙上眼睛，由另一人引导着走过设置了各种障碍的路线，这个过程中需要双方高度的信任和默契配合。活动结束后，学生们分享自己在活动中的感受，深刻体会到了信任他人以及被他人信任的重要性，同时也增进了同学之间的感情。沙盘活动区里，有个学生通过摆放沙盘，呈现出自己内心对未来的迷茫和担忧，心理教师根据他的沙盘作品，引导他深入探讨自己内心的想法，帮助他逐渐明晰了自己的目标和方向，实现了自我认知的突破和心理的成长。潜能开发区的心理拓展训练器材，如"高空断桥"项目，让不少学生克服了内心的恐惧，挑战自我，挖掘出了自身的勇气和毅力等潜能，培养了坚韧不拔的品质。

第四，教育教学：多维度促进学生心理健康。

①课程设置规范化与常态化：学校严格按照相关规定，开足开齐心理健康教育课，并确保教学资料完备齐全。在课程内容安排上，充分考虑不同年级学生的身心特点和发展需求。以高一年级为例，在开学初为学生发放《心理健康》专业教材后，教师会依据教材内容，结合学生刚进入高中

面临的学习适应、人际关系重建等问题，系统地开展心理健康教育课程。每周一节的课程，会围绕"自我认知""情绪管理""人际交往"等多个板块有序推进。在"自我认知"板块，教师引导学生通过性格测试、兴趣爱好盘点等方式，深入了解自己的优势和不足，帮助他们更好地接纳自己、树立自信。通过常态化的课程设置，让心理健康知识如涓涓细流，持续滋养学生的心灵，助力他们健全人格的塑造和正确价值观的形成。

②课程创新与实践结合：为增强心理健康教育课程的实效性，第二分校积极探索课程创新，紧密结合学生生活实际开展实践活动。如高二学生的"走进养老院"志愿服务活动，作为心理健康教育课程的一部分，旨在培养学生的社会责任感和关爱他人的品质。在活动中，学生们为老人们表演节目、陪他们聊天、帮忙打扫卫生等，在与老人的互动过程中，他们深刻体会到了给予他人关爱的快乐，也更加懂得珍惜身边的人和事。同时，面对老人们不同的生活经历和人生故事，学生们学会了换位思考，提升了自己的同理心和人际交往能力。这次实践活动后，许多学生在作文中写道，这次经历让他们对生活有了新的感悟，内心也变得更加柔软和充实，真正实现了心理健康教育与社会实践的有机融合，取得了良好的教育效果。

③学科渗透与全员育人：全校教师积极践行学科渗透心理健康教育的理念，形成了全员育人的良好氛围。在物理课上，教师在讲解力学原理时，通过讲述科学家们在面对重重困难和多次失败时，凭借坚韧不拔的毅力和对科学的热爱，最终取得突破的故事，激励学生在学习和生活中遇到困难不要轻易放弃，培养他们的挫折承受能力。美术课上，教师鼓励学生自由创作，通过绘画表达自己内心的情感和想法，有的学生将自己在学习压力下的焦虑情绪用色彩和线条展现出来，教师在欣赏作品的过程中与学生交流，引导他们正确认识和释放压力，让艺术成为学生心理健康的一种表达方式。正是这种学科间的协同育人，让心理健康教育无处不在，全方位滋养着学生的心灵。

④活动丰富与能力提升：除了常规课程，学校还组织了形式多样的心理健康相关活动。心理班团会每月都会围绕不同主题开展，比如"感恩有你"主题班团会，同学们纷纷上台分享自己感恩的人和事，有的讲述了父母默默付出的感人瞬间，有的回忆了老师耐心指导自己的点滴，在分享过程中，大家都感受到了身边浓浓的爱意，也更加懂得珍惜和感恩，促进了积极情感的传递和良好人际关系的构建。学生干部能力提升活动中，通过组织"团队合作解难题"的拓展游戏，让学生干部们在面对复杂任务时，学会分工协作、倾听他人意见、发挥各自优势，有效提升了他们的组织协调能力和团队领导能力，同时也增强了他们在面对压力时的心理调适能力，使其能更好地为班级同学服务。

⑤总结反思与持续改进：每学期，学校各部门及专职教师都会从多个层面深入总结心理健康教育工作，全面分析研究存在的问题与不足，以便持续提升工作质量。例如，在一次调研中发现，部分课程的互动环节参与度不够高，学生积极性不足。针对这一情况，教师们经过研讨，决定在后续课程中增加更多趣味性、实用性的互动形式，如心理知识竞赛、小组案例分析汇报等，充分调动学生的参与热情。同时，在师资培训方面，根据教师们反馈的专业知识更新需求，学校积极邀请知名心理学专家来校开展讲座、组织教师参加线上线下的专业培训课程，不断拓宽教师的专业视野，提升其教育教学能力，确保心理健康教育工作与时俱进、贴合学生实际需求。

心理抚心课程作为学校心理健康教育的核心载体，在助力学生健康成长的道路上发挥着至关重要的作用。通过理念的引领、科学的规划、完善的条件保障以及丰富多样的教育教学活动，第二分校构建起了一套成熟且富有成效的中学生心理健康教育体系，为学生的心理健康成长提供了全方位、多层次的有力支撑。未来，第二分校将继续秉持初心，不断探索创新，持续优化心理健康教育工作，让每一位学子都能在充满阳光与关爱的心理环境中茁壮成长，成为身心健康、全面发展的栋梁之材。

第5章 温情/营造快乐舒适的氛围

5.1 倾听/听懂学生的心声

在教育的广袤天地中,学生宛如一颗颗独特的种子,蕴含着无限的潜力与可能。而倾听学生的心声,恰似为这些种子提供适宜的土壤、阳光和水分,是滋养他们茁壮成长、绽放绚丽光彩的关键所在。

第一,倾听学生心声,构建教育基石。在教育领域,倾听学生的心声是建立有效教育关系的基石。当我们把学生放在教育的中央位置,用心去倾听他们内心的声音,就如同搭建起一座坚固的桥梁,连接起师生之间的心灵世界。然而,在现实教育场景中,真正做到倾听并听懂学生并非易事,这需要教育工作者付出诸多努力与智慧。创造积极的环境是倾听学生心声的首要条件。一个充满温暖、包容与鼓励的环境,能让学生感受到被尊重和关爱,从而敢于敞开心扉,表达自己的真实想法。在这样的环境中,学生如同在肥沃的土壤中茁壮成长的幼苗,充满生机与活力。增强学生的参与感也是至关重要的一点。当学生积极参与学校的各项事务,他们会真切地感受到自己是学校的主人,自己的意见和建议能够被重视。这不仅有助于培养学生的责任感，还能让教育工作者更好地了解学生的需求和期望。给予学生正面反馈，就像为他们的心灵注入一股清泉，能让他们感受到自己的努力和付出得到了认可。关注学生的情感需求，如同为他们披上一件温暖的外衣，在他们遇到困难和挫折时给予安慰和支持。培养和谐的师生关系，恰似在师生之间架起一座友谊的桥梁，让沟通更加顺畅无阻。鼓励开放性的讨论，能激发学生的思维火花，让他们在思想的碰撞中不断成长。提供心理支持，如同为学生打造一个坚固的避风港，帮助他们应对学习和生活中的各种压力。尊重多元文化背景，能让每一个学生都感受到自己的独特之处得到尊重，从而更好地融入学校大家庭。定期沟通交流，则像定期为机器进行保养，确保师生之间的信息传递始终保持畅通。

第二，学校实践：倾听学生，改进提升。在承办初期的调研访谈中，学校为打破原有的以教师为主体的管理方式，展现出了非凡的勇气和创新精神，特别将学生纳入访谈对象中，从学生的视角看问题，倾听他们对教师、课堂、教学环境等的看法和期待。这一举措犹如为学校的发展打开了一扇全新的窗户，让清新的空气吹进了校园。通过访谈，学生们清晰地表达了他们对教师的喜爱与期待。他们最喜爱这样的老师：一是亦师亦友，像朋友一样相处，这样的老师能让学生在轻松愉快的氛围中学习和成长；二是尊重、人性化对待学生，让学生感受到自己是被尊重的个体；三是平等沟通，能肯定学生，给予学生自信和鼓励。而学生最不能接受老师的行为则包括苛责、批评、轻视、挖苦以及缺乏责任感，这些行为无疑会像冰冷的寒风，刺痛学生的心灵，阻碍他们的成长。

对于好的课堂，学生们也有着自己独特的见解。他们认为好的课堂应热情、幽默、生动、有趣，能像磁石一般吸引学生的注意力；应注重师生互动、同学间互动，让课堂充满活力与生机；能引导和激发思考，再逐步带领探究，培养学生的思维能力和创新精神；应贴近生活、融合流行元素，让学习变得更加有趣和实用；应形式多样，体验式教学，让学生在实践中学习和成长；应以练带动理解，帮助学生更好地掌握知识。

访谈的结果犹如一面镜子，清晰地显示出了学校需要改进的方向和需要加强整改的地方。自2018年开始，学校踏上了基于学校发展的自我诊断之旅，该诊断从文化、教师、课程、教学、资源、组织与领导、同伴、安全八个方面全面展开，目标愿景是将学校建设为学生快乐成长、有效学习，教师幸福工作的地方。

以作业的情况为例，学校分别对初中部和高中部的作业情况进行诊断，将各学科罗列出来，从作业量、作业难度、批改反馈认真程度、批改反馈及时程度、作业收获五个方面进行细致调研。通过对各科得分情况的分析，就如同绘制了一幅清晰的地图，让老师们能够很清晰地看到自己所教学科留作业是否科学合理，是否需要改进。对于得分较低的学科，学科组长会给予重点关注，主管部门也会提供支持和帮助，助力这些学科不断优化作业布置，提升教学质量。

在学生对于各类资源感受的诊断中，学校也展现出了高度的重视和积极的行动力。例如，学生在其中一个学期对食堂的满意度打分最低，反馈留言中提出了建议下调价格、增加种类、加强就餐秩序管理等问题。学校针对这些反馈，迅速开展现场调研，多个部门联动解决问题。经过不懈努力，食堂自此以后的诊断得分都有了显著提升，赢得了学生们的认可和好评。

第三，深度剖析：倾听内涵与思考。倾听学生的心声不仅仅是简单地听他们说了什么，更重要的是要深入思考他们为什么那么说，分析他们说的是否合理。对于合理的建议，学校积极采取措施加以解决；对于不合理的想法，思考如何巧妙引导，帮助学生树立正确的观念。以学生对食堂价格的反馈为例，学校在收到建议下调价格的反馈后，并没有盲目地做出决策，而是深入调研食堂的运营成本、食材采购价格等因素。通过全面分析，学校发现食堂的价格虽然在一定程度上反映了成本，但仍有优化的空间。于是，学校与食堂供应商进行沟通协商，通过优化采购渠道、合理控制成本等方式，在保证菜品质量的前提下，适当降低了部分菜品的价格，满足了学生的需求。再如，学生提出增加食堂菜品种类的建议，学校经过调研发现，学生的口味需求呈现多样化的特点。为了满足学生的需求，学校组织食堂工作人员进行市场调研，了解学生喜爱的菜品类型，并根据调研结果，制订了新的菜单，增加了多种口味和类型的菜品，受到了学生的广泛欢迎。对于学生提出的加强就餐秩序管理的建议，学校采取了一系列措施。一方面，加强对学生的宣传教育，通过主题班会、校园广播等形式，引导学生自觉遵守就餐秩序；另一方面，增加食堂工作人员的数量，加强现场疏导，及时引导学生排队就餐，保持良好的就餐环境。

第四，倾听障碍：问题与解决策略。在倾听学生心声的过程中，也会遇到一些阻碍。缺乏耐心是常见的问题之一，教育工作者有时会因为工作繁忙或其他原因，没有耐心倾听学生的话语，这可能会错过学生内心深处的真实想法。预设立场也会影响倾听的效果，当教育工作者带着固有的观念去倾听时，可能无法客观地理解学生的表达。忽视情感表达也是一个需要注意的问题，学生在表达时往往伴随着丰富的情感，忽视这些情感，就难以真正听懂学生的心声。只听表面之词，不深入挖掘背后的原因，也会导致倾听的不全面。不恰当的回应和不给予反馈，会让学生感到自己的表达没有得到重视，从而降低他们表达的积极性。

为了克服这些障碍，学校采取了一系列有效的措施。加强对教师的培训，提高教师的倾听技巧和意识。通过开展专题讲座、培训课程等方式，让教师学会如何耐心倾听学生的话语，如何理解学生的情感表达，如何避免预设立场等。同时，建立良好的沟通机制，鼓励学生积极表达自己的想法和意见。学校设立了校长信箱、学生意见反馈日，学代会、团代会等多种渠道，让学生能够方便快捷地表达自己的心声。对于学生的反馈，学校及时给予回应和反馈，让学生感受到自己的意见得到了重视。

倾听是教育中不可或缺的环节,听懂学生的心声是教师的重要职责。通过掌握倾听技巧、保持正确态度、创造良好环境以及克服障碍,教师能够真正走进学生的内心世界,为他们的成长提供有力的支持和引导,实现教育的育人目标。

展望未来,学校将继续坚定不移地倾听学生的心声,不断优化教育教学环境,提升教育教学质量。将学生的需求和期望作为学校发展的重要依据,努力打造一个让学生快乐成长、有效学习,教师幸福工作的美好校园。让每一个学生都能在这片充满爱的校园里,绽放出属于自己的光芒,书写出精彩的人生篇章。

5.2 爱护/安全快乐的港湾

在学生的成长历程中,学校无疑占据着举足轻重的地位。它宛如一座灯塔,照亮学生前行的道路;又似温暖的港湾,为学生遮风挡雨,给予无尽的关爱与呵护。学校作为学生接受教育和成长的主要场所,承载着培养未来社会栋梁的神圣使命。在一个人漫长的成长旅程中,学校不仅是知识的殿堂,更应是一个充满关爱、保障安全,让学生能够尽情享受快乐时光的港湾。

幸福学校,是以学生的全面发展和幸福成长为核心目标的学校。而为学生保驾护航,则是建设一所幸福学校的关键所在。这不仅是为了保障学生的生命安全和身心健康,更是为了促进学生的全面发展和社会适应能力。为学生创造一个安全、健康、和谐的成长环境,让他们能够在关爱和引导下健康成长,成为有担当、有责任感的人才,这是学校义不容辞的责任和使命。

从学生准备入学的那一刻起，直到他们离开学校，学校制订了一系列具体措施，为学生的成长之路保驾护航。而这些措施，也彰显出了第二分校独特的办学特色。入学之初，为了让入校的学子能够尽快了解学校的情况，迅速适应学校的环境和生活，学校精心准备并向每位学子发放了《特别手册》。这本手册堪称学生们学习、生活和成长过程中的重要指南，它由基本信息、行为准则、荣誉评选、校园生活、附录五大部分组成。通过这本手册，学生可以深入了解学校的价值观，进而提升对学校的认同感和归属感。手册中所提供的必要信息、规定和服务，能够帮助学生更好地融入学校环境，自觉维护校园秩序和纪律。当学生在学习和生活中遇到问题时，手册也能为他们提供有力的支持，促进学生之间的沟通与合作，让他们更快地适应校园生活的节奏。

关于中国"青少年快乐成长指数"的研究表明，在探究运动、亲子关系、价值观等因素对青少年主观幸福感现状的影响基础上，最终目的是要将青少年的快乐程度量化，构建青少年的快乐指数。为了切实帮助同学们解决在校园生活中遇到的困惑、困难或者问题，真正助力每位学生，让他们在成长过程中感受到更多的快乐，第二分校学生发展中心依据"青少年快乐"这一目标层，将其分解为身体健康、情绪积极、生活满足、人际和谐、人格健全、思想高远六个维度的核心理论，并组织"成长导航"项目组，编写了《遇到困惑和问题，我该怎么办》的学生"成长导航"指导手册。这本手册内涵丰富，包含五个版块，分别是身体健康、物品管理、时间管理、相处关系、学习思考。每个版块及内容都经过了精心的设计、反复的推敲和深入的研讨，紧紧围绕"学生在成长中体验快乐"的办学理念和"培养知书达理、内外兼修的阳光学子"的培养目标——展开。从细微之处着手，关爱每一位学子，密切关注学生的成长，让他们在校园生活中越来越快乐，越来越幸福。

中学阶段，是人生发展的一个至关重要的新阶段，它将为人的一生奠定坚实的基础。中学生的心理素质，在很大程度上影响甚至决定着其他各项素质的质量与水平。然而，随着社会的飞速发展和进步，竞争日益激烈，中学生面临的压力和挑战也在不断增加。学业压力、家庭因素、社会的复杂影响、人际关系以及自身的生理和心理发育特点等，这一切都使得中学生的心理健康问题日益凸显。因此，心理健康教育已成为学校教育不可或缺的一个重要领域。

学校充分发挥教育主体作用，根据学生的特点，采取了一系列具有针对性的举措，积极进行正向引导，以期实现预防学生心理健康问题的目标。首先，学校成立了学生心理委员会，并定期开展心理委员培训。这些经过专业培训的心理委员，如同散布在学生群体中的"心灵使者"，能够及时发现身边同学的心理问题，并给予初步的帮助和支持。其次，开设特色心理课堂，以讲座的形式为主，不仅覆盖全体学生，还将家长纳入其中。通过这种方式，让学生和家长都能正确认识心理健康的重要性，掌握一些基本的心理调适方法。再者，开展丰富多彩的心理活动，如心理健康主题班会、心理拓展训练等，积极引导学生关注自身心理健康，培养积极向上的心态。最后，学校还专门成立了心理咨询室，为学生解决个性化的心理问题提供了私密、专业的空间。在这里，学生可以毫无顾虑地倾诉自己的烦恼和困惑，心理咨询老师则会给予专业的指导和建议。通过开展这些心理健康教育和心理咨询等措施，帮助学生解决心理问题和情感困扰，有效提高了学生的心理健康水平，进一步增强了学生的幸福感。

学校不仅关注学生的心理健康，还十分注重培养学生的社会责任感和公民意识。通过开展各类社会实践活动、志愿服务等，引导学生走出校园，关注社会、服务社会。例如，组织学生参与社区义工活动，为孤寡老人送温暖和关爱；开展环保公益活动，让学生亲身参与环境保护，增强他们的环保意识。通过这些活动，培养学生的社会责任感和公民意识，为其未来的社会参与和贡献奠定坚实的基础。

此外,在学生的日常学习和生活中,学校在安全、饮食、同伴关系和师生关系等方面也采取了相应措施,全方位为学生保驾护航,保障学生的健康成长和发展。在安全方面,学校加强校园安保力量,安装监控设备,确保校园环境的安全;定期开展安全知识讲座和演练,提高学生的安全意识和自我保护能力。在饮食方面,严格把控食堂食材的采购渠道,确保食品的安全和卫生;注重营养搭配,为学生提供健康、美味的餐饮服务。在同伴关系和师生关系方面,倡导友善、互助的校园氛围,鼓励学生之间相互关心、相互帮助;加强师德师风建设,要求教师关爱每一位学生,建立平等、和谐的师生关系。

学校作为爱护学生、最安全的快乐港湾,对于学生的成长具有不可替代的重要性。它见证了学生们的欢笑与泪水,记录了他们的成长与进步。在这个港湾里,学生们汲取知识的养分,培养良好的品德和行为习惯,塑造健康的心理和人格。通过不断完善和创新各项教育教学措施,学校能够为学生提供更优质的教育环境,让每个学生都能在这片港湾中茁壮成长,扬起理想的风帆,驶向美好的未来。在未来的发展中,学校将继续秉持"以学生为中心"的学生观,不断探索和创新,进一步优化各项措施。加强与家长、社会的合作与沟通,形成教育合力,共同为学生的成长创造更加良好的环境。学校不断提升教育教学质量,关注学生的个性发展和需求,培养出更多具有创新精神、实践能力和社会责任感的优秀人才。相信在学校、家长和社会的共同努力下,学校这座爱护学生、最安全的快乐港湾,将培育出一代又一代的栋梁之才,为社会的发展和进步做出更大的贡献。

5.3 陪伴/幸福成长的美好

在当今教育的广阔版图中，学生的幸福体验宛如一颗璀璨的明珠，成为学校教育矢志追求的重要方向。学校，早已不再仅仅是知识传递的冰冷讲堂，它更像是一座充满温情与活力的花园，承载着学生成长与发展的希望，对学生的幸福感施加着深远且持久的影响。丰富学生的体验，这一举措犹如一把神奇的钥匙，为学生打开一扇扇通往全面发展的大门，在认知发展、情感素养、社会适应能力、潜能激发、责任感培养、学习动力提升以及师生关系和家校合作等诸多方面，都蕴含着不可估量的重要意义。

学校秉持着"学生在成长中体验快乐，教师在成功中体验幸福"这一温暖而坚定的办学理念，在"为学生创造更多的机会，助学生成为最好的自己"的学生观指引下，宛如一位充满智慧与爱心的工匠，精心雕琢着每一个学生的成长之路，为学生提供更多元、更全面的学习和成长机会，致力于丰富学生的体验，让幸福的种子在校园的每一个角落生根发芽。

第一，楼名征集——文化传承中的幸福印记。校园，是文化传承与发展的重要阵地。为了让校园更具文化特色，处处都能留下师生的独特印记，第二分校别出心裁地广撒"英雄帖"，向全体学生发起了一场意义非凡的教学楼、行政楼等楼名及其含义的征集活动。这一活动，犹如在平静的湖面投入一颗石子，激起层层涟漪。征集楼名，其意义绝非仅仅局限于为楼体赋予一个清晰的标识。它宛如一场文化的接力赛，是对校园文化的有力补充和传承。每一个楼名背后，都承载着学生们对校园的热爱与期望，蕴含着他们丰富的想象力和创造力。这些楼名将如同一座座精神的灯塔，激励着一代又一代的学子在知识的海洋中奋勇前行，奋发努力。活动一经启动,便迅速点燃了学生们的热情。从收集作品、整理、评选、公示,到文字执笔等各个环节,全部由学生自主支持操办。在这个过程中,学生们充分发挥了自己的主观能动性,他们积极查阅资料、深入思考、热烈讨论,将自己对校园的理解和情感融入一个个楼名之中。比如,有的学生从校园的历史底蕴出发,提议将承载着多年教学成果的主教学楼命名为"致远楼",寓意着启发贤能、志存高远、培育英才,希望从这里走出的学子都能成为贤德有才之人。还有的学生着眼于校园的自然环境,结合校园内那片充满生机的花园,将旁边的命名为"思源楼",表示在这里学生们可以像探索芬芳花朵一样,探索科学的奥秘。这一过程,不仅凸显了第二分校"以学生为中心"的学生观,更极大地激发了学生的愿望和兴趣。当学生们看到自己精心创作的楼名被采纳,张贴在教学楼的醒目位置时,心中涌起的是巨大的成就感和幸福感。他们深知,自己的努力和付出为校园增添了一抹独特的色彩,自己成了校园文化建设的重要参与者。这种参与感和认同感,如同温暖的阳光,照亮了学生们的心灵,让他们在校园中找到了属于自己的位置,感受到了自己的价值。

第二,开心三件事——成长点滴中的幸福浸润。初一年级的学生刚踏入学校时,出现了一些令人担忧的现象。200多名学生中,仅有15名孩子会主动向老师问好;开学一周后,部分学生对环境、用餐等表现出挑剔、抱怨,充斥着负能量的言语。面对这些问题,年级主任和班主任们并没有选择忽视或简单地批评教育,而是积极行动起来,共同商量对策。

● 案例

他们首先进行了深入的调研,通过问卷调查、个别访谈等方式,了解学生们的真实想法和感受。随后,根据调研结果,征求了部分学生干部的建议,在此基础上,精心设计并启动了"开心三件事"课程。这一课程,犹如一场及时雨,滋润着学生们的心田。初一年级的任务目标定位为懂礼貌、负责任,年级组巧妙利用每天放学的 5~15 分钟的晚检时间,稳步推进"开心三件事"。课程实施初期,由老师带头分享每天开心的事,引导学生跟着说。慢慢地,学生们从被动参与转变为主动分享,分享的内容也从每天的一件事儿逐渐增加到每天的 N 件事儿。分享的方式也日益丰富,从随意说,不知道说什么,到有主题地说;从学生在小组内部说,发展到试着写,从写一句,到写一篇。在这个过程中,班级还将家长纳入到"开心三件事"的活动中来,形成了家校共育的良好氛围。例如,在某天的晚检主题中,围绕"今天印象最深的是什么?""努力与距离之间有什么区别?"这两个问题,有学生分享:今天印象最深的是在政治课上讲到了国家领土要完整,突然想到曾经玩过一款游戏里面设计的中国地图不完整(台湾问题)。下了课以后与老师沟通,晚上就找到了游戏和国家安全的举报处理平台,在上面进行举报,后来得到的消息称这个内容正在查验中,可以说尽到了维护祖国安全的义务吧。老师给予了学生高度的评价:你就是国家安全的守护者!又有一次,在分享"身边的好人好事"中,一位学生讲述了自己在公交车上看到一位本班同学主动给老人让座的场景,自己深受触动,决定以后也要多做这样的好事。还有学生分享在学习上遇到难题时,同学耐心帮忙讲解,最终自己成功解出题目时的那份喜悦。通过这些分享,学生们在一件件小事中悄然浸润成长。他们学会了发现生活中的美好,学会了感恩,学会了积极面对问题,懂得了承担责任。(郑益民)

通过老师与学生、学生与家长之间每日的开心分享,幸福感在班级中逐渐蔓延。在每学期一次的学校诊断过程中,年级学生及家长的满意度是全校最高的。此后这一做法在全校推广。学生们的幸福能力在每日的分享中逐渐提升,校园里充满了欢声笑语和积极向上的氛围。

第三,花果山"家里蹲"——居家时光的幸福升温。寒暑假期间,学生长期居家生活和学习,与家长之间的关系常常因各种琐事变得紧张,小矛盾此起彼伏。为了增进亲子之间的亲密度，有效解决亲子问题，班主任李平老师精心设计了别具一格的花果山"家里蹲"亲子课程。这一课程如同冬日里的暖阳，为居家的亲子时光带来了温馨与欢乐。课程设计巧妙地分为两个阶段，每个阶段都有着独特的目标和意义。①第一阶段，通过一系列精心设计的活动，打破亲子之间的隔阂，营造轻松愉悦的家庭氛围。首先，安排家长帮着高标准收拾书桌一次，孩子在旁边指点、唠叨、评价，而家长要能耐心承受30秒以上，之后孩子给予家长一个温暖的拥抱。这一活动看似简单，却能让孩子、家长体会到日常中的小事也能如此有趣，增进彼此的关系。其次，孩子当着家长的面肆无忌惮地玩手机一个小时，家长还要有针对性地进行表扬，如称赞孩子真专注、是高手等，这一环节旨在改变家长对孩子玩手机的不接纳态度，以理解和包容的方式引导孩子，也让孩子感受到家长的信任。再次，孩子可指定家长做一顿可口的午餐或者晚餐，在享受美味时要真诚地表达感恩。这不仅让孩子学会感恩父母的辛勤付出，也让家庭充满了爱的味道。最后，孩子可指定家长配合玩一个家庭游戏，或者主演拍摄一个微视频。在游戏和拍摄过程中，亲子之间的互动和合作不断加强，家长可以帮忙张罗假期班级组织的线上颁奖现场，配合孩子发表获奖感言。欢乐的笑声回荡在家庭的每一个角落，也让孩子感受到自己的努力被认可，增强孩子的自信心和成就感。孩子与家长共同协商策划出一种双方感觉舒服、满意的奖励方式，进一步促进亲子之间的沟通与合作。②第二阶段，充分结合班级特色（7班为花果山，班名为"七天大圣"，班级学生为小猴子，这样的设计充满了趣味性和激励性），在同学们完成每天学科作业任务同时，还要完成家务、体育锻炼的打卡。根据完成的任务难易程度，由家长评选出石猴级、行者级和大圣级荣誉奖项。学生们在完成打卡任务的过程中，不仅提升了学习的主动性和积极性，还培养了自律和坚持的品质。经过花果山"家里蹲"课程的实施，亲子关系变得更加和谐，家庭氛围愈发融洽。学生们的假期不再枯燥乏味，而是充满了乐趣和意义。学生每天完成打卡任务，实现了学习与成长的双丰收，家长们也对孩子的假期表现更加放心。这一课程充分证明了关系是幸福的源泉，而良好的关系正是从这些日常小事中一点一滴积累获得的。

教育，从来都不是一帆风顺的，难免会遇到需要惩戒的情况。但在学校，惩戒的背后始终有爱心作为支撑。无论是楼名征集活动中对学生创意的包容与鼓励，还是"开心三件事"课程中对学生问题的耐心引导，亦或是花果山"家里蹲"课程中对亲子关系的悉心呵护，都体现了学校对学生深深的关爱。这种关爱，如同一盏明灯，照亮了学生前行的道路，让他们在成长的过程中感受到温暖与力量。

在这所充满温情的校园里，学生们在丰富多彩的活动中，不断丰富着自己的体验，收获着幸福与成长。他们在这里树立了美好的价值观，培养了积极向上的人生态度。学校将继续秉持着先进的办学理念和学生观，不断探索创新，为学生创造更多的机会，让每一个学生都能在这片充满爱的土地上，绽放出属于自己的幸福之花，向着美好的未来奋勇前行。未来，学校将进一步加强与家长、社会的合作，形成强大的教育合力，共同为学生打造一个更加温馨、和谐、美好的成长环境，让学生的幸福体验得以延续和升华，为社会培养出更多具有幸福感、责任感和创新能力的优秀人才。

◉ 案例

"花果山"上"国子监"诞生记（班名：花果山）

美国精神科医生雷吉纳·帕利在《反思的爱》中提道："青少年越来越倾向于与同龄人相处，相较于家庭成员，同辈群体能给予他们更多的新鲜感、多巴胺以及强烈的联结感。"在我们这个充满活力、宛如"花果山"般的班级里，"国子监"项目组的诞生，恰似一场生动而深刻的现实印证。

"国子监",这个承载着深厚文化底蕴与特殊意义的名字,在我们班级中代表着最高学府与核心教育管理机构。同学们在一次充满意义的游学中,走进了历史的长河,了解到隋炀帝时期设立的国子监。它在古代教育体系中举足轻重的地位,以及所具备的教育管理、学术引领等功能,与我们期望在班级中构建的组织有着异曲同工之妙。于是,大家满怀期待与憧憬,借用此名来命名我们的班级组织。事实证明,"国子监"在同学们的成长历程中,宛如一座明亮的灯塔,在习惯养成、品格塑造以及学业提升等关键方面,都发挥着极为关键且不可替代的作用。它曾荣登班级大事记表的头等大事,还凭借其卓越的影响力与深远的意义,成功入选年度十大高光时刻,成为班级发展历程中熠熠生辉的里程碑。

故事的起源,要追溯到初一上学期期末紧张的迎考之际。那时,整个班级都沉浸在浓厚的学习氛围中,同学们都在为即将到来的期末考试全力以赴。而数学课代表小钰,一个平日里成绩优异但性格内向、不善言辞的姑娘,带着几分忧虑与坚定找到了我。她手中拿着几张数学任务单,那几张纸仿佛承载着沉甸甸的责任。

我接过任务单,一眼便注意到正反两面的书写字迹与内容质量存在着巨大的差异。其中一份的最后两道题甚至空着,显得格外刺眼。我看向姓名栏,是小诺,一个在班级里聪明机灵、总是活力四射的小男孩,他的快板表演在各种活动中极为出色,给大家留下了深刻的印象。小钰细心地指着任务单上的编撰日期,语气中透露出一丝担忧,对我说:"老师,这是最近两周的作业,都是跟着课本模块进行的复习内容,并非全是难题。以小诺的实力,至少这几道题不该做成这样。"她逐一点评,每一个细节都不放过,又补充道:"最近我明显感觉他状态不佳,上课时而发呆走神,时而偷偷在下面看小说……"我早已深知小钰强烈的责任心,而这次她展现出的细致入微,更是让我对她有了全新的认识,心中满是赞赏与欣慰。

就在那一刻,一个想法如同一颗闪耀的星星,在我脑海中迅速萌生:

"放学后跟他好好谈谈吧？这次就由你来主导，怎么样？再叫上学委和他的小组长，有些细节你们同学了解得比老师多。"小钰听后，眼神中闪过一丝坚定，郑重地点了点头，仿佛在那一刻，她便将这份责任稳稳地扛在了肩上。

随后，我们利用宝贵的课间时间，紧急召开了一场备会。教室里，几个脑袋凑在一起，气氛严肃而又充满使命感。大家围绕小诺近期的表现，展开了深入且全面的沟通。在热烈的讨论中，每个人都积极发言，分享自己观察到的情况和内心的想法。经过一番深思熟虑，我们进行了明确且合理的职责分工。正义感十足、总是秉持公平公正原则的学委小越，凭借其出色的沟通能力和思想深度，负责对小诺进行思想引导；最了解学情、对每一位同学的学习情况都了如指掌的小钰，顺理成章地承担起学业问题分析的重任；身为直接责任人的组长小浩，性格温和、善于调和矛盾，他充当起了至关重要的和事佬角色；而我，作为这场特殊谈话的组织者与引导者，负责把控现场节奏，确保整个过程顺利进行，同时做好全方位的后勤保障工作，为同学们提供坚实的后盾。

放学后，教室里的喧嚣渐渐散去，只剩下我们五人围坐在一起。我特意选择坐在被约谈者小诺侧后方一米开外的位置，这个位置巧妙地处在他视线无法触及之处，既能让我全程观察到谈话的进展，又不会给小诺带来过多的压迫感。时间在静默中缓缓流逝，两三分钟的安静后，我用一个不易察觉的眼神示意大家可以开始了。

小越率先打破沉默，他神情严肃而又不失温和地说道："小诺同学，今天我们怀着无比真诚的态度，不仅以学委和课代表的身份与你探讨学习上的问题，更是以关心你的朋友身份，与你敞开心扉地谈心。希望你能以正确的心态对待今天的谈话！你不用急着认错、赌咒发誓或是做出一些不切实际的保证，这些套路我们都或多或少对老师用过，当然，像小钰同学这样一直以来特别优秀、自律的同学除外。"他一边说着，一边连忙转向小钰，脸上带着一丝歉意，为自己不够严谨的表达诚恳致歉。那一刻，紧张的气氛中悄然融入了一丝轻松的气息，我坐在角落里，费了好大劲才憋住笑。

小诺听后，微微点了点头，脸上的表情也逐渐变得认真起来。紧接着，小钰开始以事实为依据，一道题接着一道题，耐心且细致地与小诺进行分析。她的声音轻柔而坚定，仿佛有一种神奇的力量，能驱散小诺心中的迷茫。她的节奏舒缓而沉稳，每一个问题都分析得极为深入透彻，不断追问，如同一位执着的探索者，不放过任何一处隐藏在表象背后的疑问。在她的引导下，小诺逐渐放下了心中的防备，开始认真反思自己的问题。直到小钰确信小诺已经找到了每次态度轻率背后最真实的原因，并进行了最诚恳的自我反省，她才稍稍停下。

在这个过程中，我一直默默关注着小诺的变化。听着他语速和音调的起伏，我能真切地感受到他内心情绪的波澜。我在心里默默想象着，他的表情从最初的满不在乎、嬉笑玩闹，逐渐变得严肃认真，眼神中透露出对自己错误的深刻认识，继而变得凝重起来，仿佛在这一刻，他真正意识到了问题的严重性。最终，他的眼眶渐渐泛红，泪水在眼眶中打转，忍不住抽噎起来。这时，和事佬小浩立刻伸出一只手，温柔地揽住他的肩膀，另一只手轻轻拍打着他的左臂，传递着无声的安慰与鼓励。待小诺情绪稍微稳定，他缓缓讲出了藏在心底许久的秘密与烦恼。原来，近期他因为家庭中的一些琐事，心情一直十分低落，从而影响到了学习状态。听到这些，我们每个人的心中都五味杂陈。我看着眼前的这一幕，心中满是感慨，示意大家可以进入收尾环节。小越思考片刻后，语重心长地说道："做出保证容易，真正做到却很难，要坚持下去更是难上加难，这是人性的弱点。所以，我们还是需要相互监督，设定一些合理的奖惩措施，给自己戴上'紧箍咒'，时刻提醒自己要努力前行。"在三位同学的示范与耐心启发下，小诺认真思考，明确了具体的奖惩内容，并在我的手机上进行了录音，为这次特殊的谈话留下了一份珍贵的记录。

深夜，忙碌了一天的我正准备休息，手机屏幕突然亮起，是小诺妈妈发来的信息。信息中，小诺妈妈满怀感激地告诉我，孩子回家后主动与家长进行了深刻的恳谈，将在学校发生的事情一五一十地说了出来，并做了深刻检讨。看着这些文字，我的心中涌起一股暖流。后来，小诺同学仿佛焕然一新，不仅学习态度有了极大转变，课堂上全神贯注，作业完成得认真细致，成绩进步很快。他还充分发挥自己的热情与创意，发起了点歌项目，只要同学们晚上八点私信给他，他就会用自己积攒的零花钱购买歌曲版权，第二天从同学们进班的那一刻起，到课间休息的闲暇时光，大家都能沉浸在自己喜欢的歌曲旋律中，班级里充满了温馨与欢乐的氛围。

这次谈话，或许其"主要成分"真的就是小诺那饱含着成长与反思的眼泪。这件事在第二天便如同一颗投入平静湖面的石子，在全班引起了轰动。同学们纷纷议论着，对这种独特的解决问题方式充满了好奇与赞赏。有几位同学主动找到我，表示愿意为下次类似的约谈出一份力，贡献自己的智慧与力量。班级战略高层小组顺势抓住这个契机，经过一番热烈的讨论与谋划，提议在班级成立一个专门解决学术纠纷、开展思想教育的项目组。大家不约而同地联想到前阵子的游学之地——那座承载着千年教育智慧的国子监，于是，"国子监"便在众人的期待与祝福中应运而生。

更为神奇的是，在随后的几次"国子监"约谈中，尽管发起者来自不同的小组，约谈对象性格各异，面临的问题也千差万别，但每一次都如同施了魔法一般，取得了显著效果。同学们在这个过程中，学会了倾听、理解与包容，学会了如何在同伴的帮助下正视自己的问题并努力改正。"国子监"就像一个神奇的成长摇篮，见证着每一位同学的蜕变与进步，堪称屡试不爽。

我不禁陷入了深深的思考，究竟是什么触动了孩子们的心弦？整个过程中，既没有疾言厉色的斥责，也没有刻意营造的煽情苦情，到底是什么具有如此强大的魔力，让他们感动得泪如泉涌？期末表彰会后，在一个阳光明媚的午后，我找到了小诺，带着心中的疑惑，向他提出了这个问题。小诺微微低下头，思索片刻后，抬起头，眼中闪烁着光芒，只回答了两个字"感动"。那一刻，我仿佛瞬间明白了一切。

同伴的影响力竟如此强大，如同春风化雨，悄然滋润着每一个孩子的心田。"国子监"的诞生，不仅是一个班级组织的成立，更是一次关于教育与成长的深刻探索，促使我有了全新的思考。青春期的孩子，就像一群羽翼渐丰的小鸟，自我意识逐渐觉醒，他们渴望挣脱束缚，去探索属于自己的天空。他们开始构建属于自己能掌控的关系与情感联结，这源于他们内心深处对自尊和归属感的强烈需求。在这个特殊的时期，他们会悄然与父母、老师保持一定的距离，着手创造属于自己的小世界。在这个充满未知与挑战的小世界里，他们从同伴那里获得的心理支持、情感共鸣以及认同感，其作用远远超过了家长和老师所能给予的。

明白了这一点后，我精心设计了班级自组织仓位图，旨在为孩子们搭建一座沟通与交流的桥梁，帮助他们拓宽交流范围，打破原有的小圈子，更好地融入不同群体。在这座桥梁上，每个孩子都能找到属于自己的位置，收获真挚的友谊与宝贵的成长经验。面对青春期的孩子，老师应当学会适时隐身，从台前走向幕后，成为氛围的营造者，用温暖与关爱为孩子们打造一个自由、包容的成长环境；成为过程的陪伴者，在他们迷茫时给予默默的支持，在他们成功时送上真诚的祝福；成为关键时刻的支持者，在他们遇到困难与挫折时，毫不犹豫地伸出援手，给予他们重新站起来的勇气。而其余的事情，则尽可能地交给孩子们的同伴，让"同学"真正成为彼此人格成长道路上的"真同学"，携手共进，共同书写属于他们的青春华章。（李平）

● 案例

2023 届初三学生给老师的颁奖词

地理赵老师：地理的世界广袤无垠，而赵老师就是带领我们探索这个世界的智者。她博学睿智，在地理课上，常常运用思维导图的方式，为我们讲解一个地区的地形、地貌、气候等细碎繁杂的内容。这种便捷高效的教学方式，如同神奇的魔法棒，为我们建立起清晰的知识架构。从此，在做题时，我们总能快速、准确地想起相关知识。赵老师用她的智慧，为我们开启了地理学习的便捷之门，我们为她颁发"最佳智慧奖"。

生物江老师：在我们对生物这门学科充满懵懂与好奇的时刻，江老师如同一位神奇的引路人，出现在我们的世界里。她用生动有趣的讲解，让我们渐渐了解生物的奥秘，激发了我们对生物的喜爱和热情。她带领我们踏入变化万千的生命科学领域，引领我们在微观与宏观的世界里自由穿行。课堂上，她认真负责、一丝不苟；课下，她是我们的良师益友，幽默风趣、和蔼可亲，耐心地为我们辅导。江老师那亲切的形象，深深地留在了我们心里。我们很荣幸为她颁发"最佳耐心奖"，并祝愿她工作顺利，春晖遍四方。

数学董老师：董老师是我们学校一颗璀璨的明星，他的教学风格独具一格，令人印象深刻。他用幽默风趣的语言，将复杂的数学知识变得生动有趣，仿佛为我们打开了一扇通往数学乐园的大门，让我们在轻松愉快的氛围中爱上了数学，学到了知识，培养了兴趣。董老师对待每一位学生都充满热情和耐心，他总是鼓励我们大胆质疑、勇敢探索，引导我们独立思考，培养我们的创新精神。在他的课堂上，我们感受到了学习的乐趣和成长的力量。因此，我们为董老师颁发"最佳平易近人奖"。

体育纪老师：纪老师的体育课，就像一场充满活力的盛宴。他教授的体育知识通俗易懂，方便我们上手训练，让我们在轻松愉快的氛围中提高了身体素质。在教学过程中，他认真负责，看到学生动作不规范时，他会积极耐心地指导，走到同学身旁进行纠错。尽管我们有时会表现出很懒的样子，但心里明白老师是为了我们好，所以也会很配合。经过这一年的体育学习，我们的身体素质有了很大的提升。在此，我们感谢纪老师的教导和付出，为他颁发"最佳教学奖"。

历史王老师：王秋实老师在历史课上总是精神抖擞、富有激情，说起话来如同机关枪一般，又清又脆，那充满力量的声音，比咖啡还要提神。她在教室里神采飞扬、掌控全场的激情，永远刻在我们脑海中。而在课间或午休时，她又会安静地为同学们答疑解惑；考试过后，她还会为我们面批试卷。她那经典的做题方法——画关键词，一句一斜杠，已经成为我们解题的法宝，甚至在面对其他科目的题目时，我们都会条件反射般地拿起笔勾勾画画。活力、有趣、负责、认真的王老师是历史老师中最有气场的一个。我们为王老师颁发"最佳气场奖"。

物理解老师：解老师朴素大方、热情开朗，不拘小节又尽职尽责。在物理课上，她传授的解题技巧和二级结论，如同神奇的钥匙，大大提高了同学们的学习效率。生活中，她更是同学们的贴心人，善解人意地解决同学需求，以帮助同学面对重大抉择时做出最佳决定。在解老师鼎力支持的一年里，同学们不仅收获了知识，还在品质性格方面得到了锻炼，度过了快乐且充实的初三时光。在此，我代表全班同学为解老师颁发"最佳支持者奖"。

音乐钮老师：钮老师就像一位音乐的精灵，用一本乐谱，一台钢琴，与我们心贴心地歌唱，教会我们许许多多的音乐作品。她用美妙的音符，优美的乐章，熏陶着我们的心灵。课堂上，她认真负责、充满激情，双手指挥着我们歌唱，仿佛化作音乐的使者，将音乐描绘成一幅绚丽的画卷。那些看似枯燥乏味的乐理知识，看似平淡的歌曲，在她的巧妙演绎下，都焕发出了夺目的光彩。她带领我们感受音乐的魅力，让我们的学习生活变得丰富多彩。我们为钮老师颁发"最佳气氛奖"。

英语程老师： 程老师的课堂引人入胜、妙趣横生。她总能针对不同同学的弱点，提出相应的问题来训练我们的思维能力。给同学讲解题目时，她会循循善诱，提供做题思路，一步步地引导我们得出正确答案。程老师关注每一位同学的学习进度和理解能力，给每个同学锻炼语言的机会。无论是课间还是午休，程老师都耐心地帮我们答疑。她的认真负责让我们在英语学习中不断进步，我们为程老师颁发"最佳负责奖"。

语文张老师： 张老师三年里为我们创造了有趣有料的课堂。她善于引导我们小组合作，大家齐心协力翻译古诗文，呈现出欢乐和谐的课堂氛围。张老师从来不是以威严老师的姿态讲课，而是和蔼地与我们一同探讨研读文章，引导我们深入思考，直至我们自己挖掘出文章的中心内容。三年里她给予我们的一切，我们全部接收了。谢谢您，张老师！我们为敬爱的张老师颁发"最佳亲民奖"。

化学袁老师： 在三尺讲台上，袁老师挥洒的汗水，让我们看到了什么是优秀的人民教师。在明亮的教室里，她不辞辛苦地逐一为我们指点迷津。在教学实验中，她身体力行地演绎着钾钙钠镁的传奇。她始终用燃不尽的热情感染着我们，用永不磨灭的微笑激励着我们，让我们在前进的路上充满力量。我们为敬爱的袁老师颁发"最佳辛勤奖"。

政治赵老师： 赵老师将三尺讲台当作舞台，面对复杂琐碎的政治知识点，总有办法将它们变得既有体系又有趣。她会把知识点制作成小游戏、二人对战、小组比拼等各种形式，轻松愉快的课堂氛围激发了同学们的学习兴趣和参与作答的积极性，使我们对知识点记得又快又牢。课上，赵老师认真地设计每一堂政治课；课下，对我们的提问总是第一时间回复。我们喜欢赵老师的课，总会忍不住期待着下一节政治课快一点到来。我们为赵老师颁发"最佳人气奖"。

第6章 传递/家校合作 传承温暖

6.1 纽带/构建与家长的共识桥梁

在当今教育改革的浪潮中，在家校社协同育人方面，越来越多的人达成了深度共识，这一现象背后蕴含着深刻的教育意义与价值。

第一，挖掘协同育人寓意——从三棱锥模型谈起。学校引入三棱锥模型来深入剖析家校社协同育人的内在逻辑。在这个模型里，三棱锥底面的三个点分别代表家庭、学校和社会，它们构成了稳固的支撑基础。而学生则作为另外三个面的聚焦顶点，处于核心位置。从几何原理来看，如果三棱锥的周长保持不变，当家校社三者之间的距离拉大时，学生所处的高度就会下降；反之，若家校社的距离缩短，学生便会被高高举起。这一模型生动形象地揭示了家校社协同育人的关键所在：零距离的接触能够让育人效果达到最大化。家庭作为孩子成长的第一环境，对孩子的价值观、品德修养和行为习惯的养成起着基础性作用。父母的言传身教、家庭氛围的熏陶，无时无刻不在影响着孩子的成长轨迹。学校则是知识传授、品德培养和个性发展的重要场所，专业的教师团队能够系统地引导学生学习知识、培养技能，塑造正确的人生观和价值观。社会作为广阔的大课堂，为学生提供了丰富的实践机会和多元的文化体验，有助于学生拓宽视野、增长见识，培养社会责任感和适应能力。

只有当家庭、学校和社会紧密合作，形成强大的教育合力，才能为学生的成长提供全方位、多层次的支持，助力学生在成长道路上不断攀升，实现全面发展。

第二，以积极行动夯实协同基础。①深入调研，把握需求脉搏。学校深刻认识到调研在推动家校社协同育人中的重要性，秉持积极主动的态度，以问卷、座谈、随机访谈等多种方式，在最大范围内收集各方信息。对所调研数据进行细致入微的分析，力求精准把握各方需求，提高家校社协同育人的针对性。在调研过程中，学校对各方需求进行了详细分类，对各类问题展开深入剖析，并邀请专家进行引领指导。经过不懈努力，最终归纳整理出 5 类 12 项核心需求。在家校社平等协商的过程中，学校发现诸多问题或需求单靠一方的努力难以达成。例如，学生对学校开设课程多样性的需求极为强烈，但学校现有的师资力量以及课程资源难以满足这一需求。又如，在学生成长过程中，老师敏锐地察觉到学生及家长对生涯规划的了解程度参差不齐，这在一定程度上制约了学生的未来发展，"生涯规划"这一问题至少引起了学生和家长两方面人群的高度关注。由此可见，问题需求已然成为家校社协同育人的重要导向。②选题协商，凝聚广泛共识。基于协同主题的数据分析，为确保协同育人具有针对性、有效性和可持续性，达成共识成为关键环节。学校明确提出，协同育人是根本宗旨，所有的需求都应以学生成长作为首要考量。提高各方参与度，学校针对调研中涉及的"亲子沟通、生活习惯、睡眠锻炼、手机管理、家庭作业、规划能力、学习指导、课程丰富、合作交往、目标意识、责任培养、身心发展"12 项核心需求，集中力量，精准发力。学校在尊重、平等、协商的基础上，针对不同学段、不同主体展开合作交流，并对需求进行合理排序。

然而，在实践过程中发现，由于各方主体对同一问题的理解程度和认识深度存在差异，不能采取"一刀切"的统一方式整体推进。因此，在协同育人的方式、时间、内容等方面，需要采取多种策略并行的方式。对于中学阶段的学生，则更加注重生涯规划、学习指导和心理健康等方面的需求，通过举办专题讲座、开展社会实践活动等方式，引导学生树立正确的人生观和价值观，提高学生的综合素质。

第三，多方协同，助力学生成长。①打造共育咨询室，搭建沟通桥梁。在北京教育系统关心下一代委员会的大力支持下，学校成功成立了家校社共育咨询室。在推动工作的过程中，北京交通大学心理系提供了专业支持，明确了咨询室的发展定位：它不仅是协同育人的交流场所，更是助力未成年人健康成长的实践基地，同时也是探索以学校教育为主线、家庭教育为阵地、社会教育为助力屏障的新型育人模式的重要基地。在此基础上，共育咨询室进一步明确了工作原则、方针和工作目标。工作原则强调以学生为中心，遵循教育规律，注重因材施教；工作方针旨在整合各方资源，形成教育合力，共同推动学生全面发展；工作目标则是搭建以交大附中教育集团为核心发展的社会资源库，构建各学段衔接、社会与家庭协同的新时代一体化德育新格局。同时，学校对之前家长学校的组织结构进行了全面升级，清晰确定了各方的责任和权力边界，并对调研中的12项核心需求进行了进一步梳理，加深了对各项需求的认识和理解。通过定期举办家长培训、专家讲座、心理咨询等活动，为家长提供专业指导和帮助，有效提升家长的教育水平和能力。②精心搭建资源库，拓展育人途径。学校周边分布着10多所科研院校和资源单位。于是，学校积极与这些单位进行沟通协调，同时鼓励家长充分发挥自身优势，主动参与资源挖掘工作。经过不懈努力，成功挖掘出不同领域的丰富资源，形成了涵盖金融、非遗、交通、医药、气候、建筑、健康、心理、动物、运动、人力资源等多个领域的资源库。丰富的资源库极大地满足了学生对课程丰富性的需求，为学生提供了广阔的学习空间和多样化的学习体验。例如,高中班主任徐欣悦老师巧妙借助资源库,邀请某公司人力资源总监参与策划班级岗位的招聘工作。在专业人士的悉心指导下,学生们经历了一次意义非凡的学习过程。从最初写个人简历时仅有个人经历的简单罗列,到逐渐增加个人优势,再到第三次修改时增加经历描述及评价,最后不仅有自我推荐,还精心设计了封面。在这个过程中,学生们不断思考、不断进步,个人能力得到了显著提升。为了进一步培养学生的责任意识,模拟招聘会精彩上演。班级岗位(如学习部、卫生部等)公开设置,职责明确清晰。在班会时间,每一位高中生身着正装,手持精心制作的简历,在各个招聘台前自信地自主"择业"。学生们积极与"招聘人员"沟通、交流,充分表达自己的意愿,努力选择适合自己的岗位。聘任小组则认真协商、交换意见,审慎确定人选。短短40分钟,每一位学生都收获了一份聘书,这份聘书承载着信任,更意味着沉甸甸的责任。"我的岗位我负责"这句话,如同春雨润物般,悄然浸润学生的心。此外,学校充分利用周边资源,组织学生走进大学实验室、气象局、药店、敬老院、交通队、海洋馆等场所。学生们亲身参与其中,真切感受不同职业带来的独特魅力,领略动植物领域的神奇奥秘、气象播报的专业严谨、中国交通的飞速发展、航天事业的伟大成就等。在这些活动中,学生们不仅拓宽了视野,增长了见识,还在心中种下了梦想的种子。有时,身边的榜样人物就是自己的父母,他们的职业成就和奋斗精神激励着学生努力前行。一位梦想成为老师的学生深情地写道:"我的梦想是当一名老师,以前我只是简单地想一想'我以后当老师怎么样',而现在它在我心中不仅是一句话,而是真正成了我前进的动力。我会一直沿着这个方向努力下去:大学上北师大,工作了当班主任。自从参加亮心活动以后,这个坚定的信念就一直在我的脑海中浮现,我常常鼓励自己说:我一定能成为一名优秀的老师!"这些丰富多彩的活动,使学生未来的目标逐渐变得清晰明确,为他们的成长之路指明了方向。③构建

"幸福云"课程，提升教育专业度。针对调研中的12项核心需求，为提高教育的效度和专业度，家校社的核心成员与专业团队经过反复研讨、不断磨合，精心开发了"幸福云"（四十讲）分级课程。该课程体系分为通用课程、中级课程和高级课程三个层次，满足了不同家长和学生的需求。课程设置提供了多种参与方式和渠道，旨在激发家长自我成长的内驱力。例如，"蜕变式"父母课程取得了显著成效。在课程的影响下，一对长达半年不说话的父女之间的心结和矛盾在"改变"的瞬间得以和解，父女俩紧紧相拥。一位家长感慨道："蜕变式父母工作坊，是我经历过的最受触动的培训。在我感觉与孩子交流有困惑时，老师的培训拨开我内心的云雾，给我带来了坚定和力量！我深刻认识到，只有改变自己，才能真正帮助孩子。"另一位家长也深有体会地说："只有我们改变了，孩子才会阳光灿烂；只有我们改变了，孩子才会笑声不断；只有我们改变了，孩子的未来才会是多彩的。"通过这些课程的学习，家长们不仅提升了自身的教育理念和方法，还增进了与孩子之间的情感沟通，为孩子的成长营造了更加和谐、温馨的家庭环境。④组建"协同群"，促进互助成长。针对调研中发现的各个主体对相同或不同问题理解的深浅、快慢各不相同，需求的先后顺序和程度也不尽一致的情况，学校依据学段和学生身心发展规律，将需求相近的人员分层分类组成"协同群"。在"协同群"内，家长们互帮互助，共同探讨教育问题，分享教育经验。同时，专业人员也会适时进行引导，为家长们提供专业的建议和指导。在这种良好的氛围下，逐渐涌现出一批互助学习型家庭。这些家庭积极、乐观、自信、幸福，他们的家庭氛围不仅对孩子的成长产生了积极影响，也为其他家庭树立了榜样。家长们还将自己的教育经验和感悟编写成《家风》，印刷装订成册，成为家长学校的宝贵培训教材，进一步推动了良好家风的传承和发展。

第四，展望未来，持续深化协同育人。家校社协同育人是一项长期而艰巨的任务，需要各方持续不断地努力。在未来的工作中，学校将进一步加强与家庭、社会的沟通与合作，不断完善协同育人机制。一方面，学校将继续优化资源配置，丰富课程内容和活动形式，满足学生日益增长的多样化需求。同时，加强对教师的培训，提高教师的家校社协同育人能力，为学生提供更加优质的教育服务。另一方面，学校将积极引导家长树立正确的教育观念，提高家长的教育素养，鼓励家长积极参与学校教育活动，形成家校教育合力。此外，学校还将进一步拓展社会资源，加强与社会各界的合作，为学生创造更多的实践机会和发展平台。

总之，通过构建紧密的家校社纽带，达成深度共识，我们有信心为学生的成长创造更加良好的环境，助力学生在未来的人生道路上绽放光彩，实现自己的人生价值。

6.2 璧合/呼唤家长加入教育行列

在当今复杂多变且竞争激烈的教育大环境下，教育已不再是学校单方面的孤立行动，学校与家长的紧密合作正逐渐成为教育领域的核心关注点。家长，作为学生成长过程中最亲近且持久的陪伴者，其角色早已从过往学生教育的旁观者，成功转变为学校教育不可或缺的重要参与者与坚实可靠的合作伙伴。学校与家长如同车之两轮、鸟之双翼，只有两者完美"璧合"，才能为学生的茁壮成长与全面发展铺就一条康庄大道，提供全方位、多层次、强有力的支持。

第一，家校合作的基石——达成共识。与家长达成共识是家校合作得以顺利开展的基石。只有当学校和家长在教育理念、目标以及方法等关键层面达成一致，才能避免在学生教育过程中出现方向上的偏差与力量的相互抵消。为了实现这一目标，学校通过多种渠道与家长进行深入沟通。学校把定期举办的家长会定位为一场教育理念的交流盛宴。在会上,从详细阐述学校的教育理念,到如何培养学生的综合素质,注重学生的创新思维、实践能力以及社会责任感的塑造,再到分享各类行之有效的教学方法,如小组合作学习、项目式学习等,与家长一同探讨这些方法如何促进学生的学习与成长。此外,利用现代信息技术等平台,及时向家长传递学校的教育动态、教学计划及教育资源。家长们可以在这些平台上发表自己的看法和疑问,学校方面则安排专人进行及时回复与解答,形成良好的互动交流机制。通过这些沟通方式,家长们能够更好地理解学校的教育理念和方法,从而在家庭中给予学生更加契合学校教育的引导与支持。而对于学校来说,在与家长的交流互动中,也能更深入地了解每一位学生的独特情况和个人需求。有的学生可能在艺术方面极具天赋,但在文化课学习上存在困难;有的学生则可能性格内向,需要更多的鼓励与关注。了解到这些信息后,学校可以制定更加个性化的教育方案,为每个学生提供最适宜的教育环境,真正做到因材施教。当家长与学校达成共识后,家校合作变得更加紧密、高效。这种合作关系会为学生的全面发展提供有力支持,学生在学校和家庭中接收到的教育信号是一致的,不会产生困惑与迷茫,能够更加专注于自身的成长。同时,这也将极大地提高家长对学校的满意度,家长们看到老师对学生的用心与付出,以及对自身意见的尊重,会对学校的工作给予更多的支持与配合,进而促进学校与家庭之间和谐关系的建立。

第二,丰富多样的家校合作形式。①家长讲堂——拓宽学生视野的窗口。为了帮助学生打破课本知识的局限,开阔眼界,了解丰富多彩的不同专业领域,第二分校积极挖掘家长群体这一宝贵的资源库,精心打造了"思源讲堂"。家长们来自各行各业,有着不同的职业背景和丰富的人生阅历,他们为学生们带来了课本之外的精彩世界。有的家长是资深的医生,在讲堂上,他们用生动有趣的方式向学生们介绍人体的奥秘、常见疾病的预防以及医学领域的最新研究成果。学生们听得津津有味，不仅让学生对医学知识有了更深入的了解，还可能因此激发他们对医学事业的兴趣，为未来的职业规划埋下了种子。有的家长是从事艺术工作的，如画家、音乐家等。他们在讲堂上展示自己的艺术作品，分享创作灵感和过程，现场进行艺术表演。学生们在欣赏艺术之美的同时，也受到了艺术的熏陶，培养了审美能力和创造力。企业高管家长则会分享自己的创业经历、商业管理经验以及职场中的为人处世之道。这让学生们对社会经济运行和职场生活有了初步的认识，有助于他们树立正确的职业观和价值观。家长讲堂的开设，如同为学生打开了一扇通往不同世界的窗户，让他们接触到了多元的知识和文化，极大地丰富了学生的学习体验，拓宽了他们的视野。②决策参与——提升学校管理的智慧源泉。邀请家长参与学校管理和决策过程，是第二分校推动家校合作深度发展的又一重要举措。其中，家长委员会发挥着核心作用。第二分校成立了三级家委会，各级家委会成员均由热心教育事业、具有一定代表性和影响力的家长组成。在班级层面，家委会成员积极参与班级活动的策划与组织。例如，在组织班级春游活动时，家委会成员与班主任共同商讨活动地点、行程安排以及安全保障措施。他们利用自己的社会资源，为活动争取到更优惠的价格和更好的服务，同时还主动承担起活动中的部分组织工作，如协助老师维持秩序、照顾学生等，确保活动的顺利开展。年级家委会则在年级层面的教学管理和学生活动中发挥着重要作用。他们关注本年级学生的学习情况和身心发展需求，定期与年级组长和各科教师进行沟通交流，提出建设性的意见和建议。比如，针对某一学科的教学进度和教学方法，年级家委会成员可以结合学生的实际反馈，与教师共同探讨优化方案，以提高教学质量。学校家委会更是参与学校的重大决策过程。在学校制定发展规划、课程设置调整、校园建设等方面，学校广泛征求家委会的意见。家委会成员凭借自己的专业知识和丰富经验，为学校的决策提供了多维度的视角和宝贵的建议。例如，在学校规划建设新的图书馆时，家委会成员中的建筑设计师家长，从专业角度对图书馆的布局、功能分区等提出了合理的建议，使图书馆的设计更加科学、人性化，满足学生和教师的使用需求。通过家长参与学校管理和决策，学校能够汇聚更多的智慧和力量，使学校的管理更加科学、民主，决策更加符合学生的利益和发展需求。③志愿服务——共建和谐校园的温暖力量。学校积极征集家长志愿者，鼓励家长参与课堂辅导、活动组织、校园服务等多个方面，为学校的教育教学工作注入了一股温暖而强大的力量。在课堂辅导方面，一些具有专业知识的家长志愿者走进课堂，为学生提供课外的辅导和拓展。比如，数学专业的家长可以为对数学有浓厚兴趣的学生开展数学竞赛辅导；英语流利的家长可以组织英语角活动，锻炼学生的英语口语表达能力。这些家长志愿者的参与，不仅丰富了课堂教学内容，还满足了学生个性化的学习需求。在学校举办各类活动时，家长志愿者更是发挥了重要作用。以每年举办的学生节为例，学校邀请了众多家长志愿者担任活动项目的负责人。他们全身心地投入活动筹备，与学生们一起策划活动内容、准备活动道具、布置活动场地。在活动当天，家长志愿者们认真负责地组织各个项目的开展，确保活动的安全有序进行。他们与学生们一同参与游戏、表演节目，尽情体验活动的乐趣，感受学生们的快乐。学生节后，家长志愿者们纷纷反馈，这次活动让他们深刻感受到了学校对学生综合素质培养的重视，也看到了自己孩子在活动中的成长与进步。他们对学校举办学生节给予了极大的肯定和赞扬，同时也表示愿意继续参与学校的各项志愿服务活动。除了课堂辅导和活动组织，家长志愿者还参与到校园服务的各个环节。有的家长在学校门口协助交警维持交通秩序，保障学生上下学的安全；有的家长定期到学校食堂参与食品安全监督工作，确保学生们吃得健康、吃得放心。家长志愿者们的无私奉献，不仅为学校的教育教学工作提供了有力支持，还营造了一个充满爱与关怀的校园氛围，让学生们在温暖和谐的环境中茁壮成长。

第三，展望未来：持续探索与创新家校合作之路。学校与家长的"璧合"无疑是实现优质教育的重要途径。通过与家长达成共识，开展家长讲堂、决策参与、志愿服务等多种形式的合作，我们已经取得了显著的成效。然而，我们也清醒地认识到，在不断变化的教育环境和需求面前，家校合作仍面临诸多挑战，需要我们持续不断地探索和创新合作方式。例如，随着信息技术的飞速发展，如何更好地利用互联网平台，实现家校之间更加高效、便捷的沟通与合作，是我们需要思考的问题。我们可以探索开发专门的家校合作APP，集教学资源共享、学生学习情况实时反馈、家长在线交流等功能于一体，为家校合作搭建更加智能化的平台。此外，针对不同年龄段学生家长的特点和需求，我们也制定更加个性化的合作策略。对于初中家长，需要注重亲子教育方法的指导和家校沟通技巧的培训；而对于高中生家长，要更多地关注学生的升学规划和心理健康等方面的内容。

总之，学校与家长的合作是一个长期而动态的过程。我们需要学校和家长共同努力，以学生的成长和发展为出发点和落脚点，不断探索和创新合作方式，克服前进道路上的各种困难与挑战，形成强大的教育合力，为学生的未来奠定坚实的基础。相信在学校和家长的共同努力下，我们一定能够实现家校合作的持续优化与升级，为学生创造更加美好的教育明天。

6.3 评估/衡量家校合作育人之法

在当今教育格局中，家校合作育人模式已成为促进学生全面发展的重要基石，备受社会各界广泛关注与推崇。然而，要使这一模式充分释放潜能，切实发挥其应有的积极效用，建立一套科学、全面且细致入微的评估标准与方法势在必行。精准有效的评估，不仅是洞察家校合作实际成效的关键窗口，更是为持续改进与优化合作模式提供坚实数据支撑的有力手段，对于推动教育事业迈向新高度意义深远。

第一，多维度评估标准。

①学生全面发展。学生的全面发展是衡量家校合作育人成效的核心指标。这绝非仅仅局限于学生在学业层面的知识掌握程度与成绩表现，更涵盖了技能提升、情感培养、社交能力塑造、道德品质养成以及心理健康维护等多个关键维度。在知识与技能领域，学生不仅要扎实掌握学科知识，还应具备诸如创新思维、实践操作、问题解决等一系列实用技能。情感培养方面，注重引导学生树立积极乐观的人生态度，增强情绪管理能力，学会关爱他人与自我接纳。社交能力的锻炼旨在帮助学生建立良好的人际关系，学会团队协作与有效沟通。道德品质的塑造强调培养学生的社会责任感、诚信意识与公德心。而心理健康的维护则致力于确保学生拥有健康的心理状态，具备应对压力与挫折的能力。唯有全方位关注学生在这些领域的成长与进步，才能精准把握家校合作在促进学生全面发展方面的实际效果。以学校开展的家校共育阅读活动为例，在为期一学年的活动中，语文组与图书馆合作制订详细阅读计划，定期推荐适合不同年龄段读者的书籍，并组织线上线下阅读分享会，家长积极配合。超过80%的学生表示非常喜欢该活动，且在阅读理解和写作能力方面有明显提升。教师观察到学生在课堂上的表达能力和思维活跃度增强。从这个案例可看出，学生在知识技能方面有所收获，同时在情感培养上，亲子关系因共同阅读得以增进，孩子在家长陪伴下更易树立积极的阅读态度。这充分表明，唯有全方位关注学生在各领域的成长与进步，才能精准把握家校合作在促进学生全面发展方面的实际效果。

②家校互动质量。良好的家校互动是凝聚教育合力的关键纽带。评估家校互动质量，重点在于审视家长与学校之间沟通的顺畅性与有效性。这

包括学校是否能够及时、准确地向家长传达学生在校的学习与生活情况，家长是否积极主动地参与学校组织的各类教育活动中，以及学校对家长提出的需求与建议是否给予高度重视并及时做出积极回应。例如，定期召开的家长会，不仅是学校向家长汇报学生学习成果的平台，更是双方深入交流学生教育问题、共同探讨解决方案的重要契机。此外，家长志愿者活动、亲子教育讲座等，都是促进家校互动的有效形式。通过这些活动，家长能够更深入地了解学校的教育理念与教学方法，学校也能更好地倾听家长的声音，实现家校教育的无缝对接。比如在家校共育阅读活动期间，学校通过家长会及时向家长反馈学生在阅读活动中的表现，家长积极参与并提出关于活动时间安排和形式的建议。学校根据家长建议，调整阅读分享会时间，使其更贴合家长的工作安排，同时丰富分享会形式，增加角色扮演、故事创编等环节，提高了学生的参与积极性，体现了家校之间良好的沟通与互动，学校与家长相互配合，共同促进学生成长。

③教育资源整合。教育资源的有效整合是丰富学生学习体验、拓宽学生视野的重要途径。学校拥有齐备的教育设施，如现代化的实验室、图书馆、多媒体教室等，以及专业素养过硬的师资力量，这些都是学校教育资源的宝贵财富。而家庭则具备独特的文化背景、丰富的生活经验以及个性化的教育氛围。在家校合作过程中，双方应充分发挥各自优势，实现资源共享与互补。学校邀请具有专业知识的家长走进课堂，开展职业分享、科普讲座等活动，让学生接触到课本之外的真实世界。同时，家长利用家庭资源，为学生提供参观博物馆、科技馆、企业等实践机会，将理论知识与实际生活紧密相连，丰富学生的学习体验，提升教育效果。例如，班级开展"职业体验日"活动。家长们根据自己的职业特点，为学生带来了丰富多彩的课程，如医生家长讲解健康知识，警察家长普及安全常识，工程师家长介绍科技创新等。通过观察发现，学生在课堂上表现出极高的兴趣和参与度，提问积极，互动频繁。在活动结束后的访谈中，学生们纷纷表示

通过这些课程,了解到了不同职业的特点和魅力,对自己未来的职业规划有了初步的思考。教师们也认为,家长进课堂活动丰富了教学内容,拓宽了学生的视野。同时,学校通过数据分析发现,参与活动后,学生在相关学科上的学习积极性明显提高,作业完成质量也有所提升。但是,该活动在实施过程中也遇到了一些挑战。比如,部分家长在教学方法上缺乏经验,导致课堂纪律难以把控;由于时间有限,有些家长无法深入讲解专业知识。针对这些问题,学校在活动前对家长进行了简单的教学培训,指导他们如何更好地与学生互动和管理课堂秩序。同时,合理安排活动时间,确保家长能够充分展示自己的专业内容。建立全面、细致的评估标准和方法对于推动家校合作育人模式的发展具有不可替代的重要意义。通过多维度、多元化的评估方式以及严格遵循实施评估的注意事项,我们能够更加精准、深入地了解家校合作育人的实际效果与价值所在。这不仅为优化家校合作模式提供了科学依据,更为提升教育质量、促进学生全面发展奠定了坚实基础。在未来的教育实践中,我们应不断完善和创新评估体系,持续推动家校合作育人工作迈向更高水平,为培养适应时代发展需求的高素质人才贡献力量。

④学生满意度与参与度。学生作为家校合作育人模式的直接受益者,他们的满意度与参与度是衡量合作效果的重要标尺。评估学生对家校合作育人模式的满意度,需要深入了解他们对合作活动内容、形式以及组织方式的感受与看法。通过问卷调查、学生座谈会等形式,收集学生的反馈意见,了解他们希望在家校合作中获得哪些方面的支持与帮助。同时,关注学生在家校合作活动中的参与度和积极性,观察他们是否主动参与各项活动,是否在活动中展现出浓厚的兴趣与热情。

⑤教育成果的创新性与实用性。教育成果的创新性与实用性是检验家校合作育人成效的重要维度。创新性体现在学生是否在合作过程中培养了创新思维,敢于突破传统观念,提出新颖独特的见解与解决方案。例如,

在研究性学习活动中,学生在家校双方的指导下,研发出具有创新性的科技作品,展现出独特的创新能力。学生能够将所学知识灵活运用到实际生活中,解决现实问题。比如,学生通过参与社区服务活动,运用所学的化学及环保知识,组织开展垃圾分类宣传活动,为改善社区环境贡献力量。这种将知识转化为实际行动的能力,充分体现了家校合作育人成果的实用性。

第二,多元化评估方法。

①问卷调查与访谈。问卷调查与访谈是收集家校合作育人效果反馈信息的常用方法。针对家长、学生和教师设计不同侧重点的问卷,进而全面了解各方对合作效果的看法与感受。问卷内容涵盖对合作活动的满意度、对教育资源整合的评价、对学生发展的期望等多个方面。同时,通过访谈的方式,与家长、学生和教师进行面对面的深入交流,倾听他们的真实想法与建议。采用个别访谈与小组访谈相结合的形式,确保获取信息的全面性与多样性。例如,在对家长的访谈中,了解他们在参与家校合作活动过程中遇到的困难与问题,以及对未来活动的期望与建议。这些一手数据为评估工作提供了丰富、翔实的资料,为深入分析家校合作育人效果奠定了坚实基础。

②观察法与案例研究。实地观察是直观了解家校合作育人过程的有效手段。通过观察家长与教师在合作活动中的互动方式、学生的参与状态以及活动的组织实施情况,能够发现合作过程中的亮点与不足。例如,观察亲子阅读活动中,家长与孩子的互动是否积极融洽,教师的引导是否有效。案例研究则选取具有代表性的家校合作育人案例进行深入剖析。详细了解案例中的具体做法、实施过程以及取得的成效,分析成功经验与存在的问题。学校开展的"家校共育特色课程"项目,通过对该项目的案例研究,总结出一套可推广的家校合作课程开发与实施模式。

③成果展示与竞赛活动。举办学生成果展示与竞赛活动是展示家校合

作育人成果的重要平台。通过学生的作品展示、表演、竞赛等形式，生动呈现合作育人的成效。例如，在学校举办的学生节上，学生展示自己在家校合作下完成的科技创新作品，这些作品不仅体现了学生的创新思维与实践能力，也展示了家校合作在培养学生综合素质方面的成果。文艺表演活动中，学生在家长和教师的共同指导下，呈现精彩的节目，展现出良好的艺术素养与团队协作精神。竞赛活动不仅能够激发学生的竞争意识，促使他们在活动中不断挑战自我、超越自我，还能培养学生的团队精神与合作能力，进一步推动学生的全面发展。

④数据分析与模型预测。学校与北京师范大学合作引入"学校诊断"项目，借助统计学和数据分析方法，对收集到的各类数据进行系统处理与深入分析，能够揭示家校合作育人效果背后的趋势与规律。通过对学生成绩数据、参与活动频率数据、家长反馈数据等进行量化分析，了解不同因素对合作效果的影响程度。例如，分析学生参与家校合作活动的频率与学习成绩提升之间的相关性，为优化合作活动提供数据支持，从而确保家校合作育人工作始终沿着科学、有效的方向发展。

第三，实施评估的注意事项。

①确保评估的公正性和客观性。在评估过程中，秉持公正、客观的原则是确保评估结果准确可靠的前提。评估人员应严格按照既定的评估标准和方法进行操作，避免主观臆断和个人偏见对评估结果产生影响。同时，要保证评估过程的透明度与公开性，向所有参与家校合作的人员清晰明确地告知评估的标准、流程与方法，让他们充分了解评估工作的开展情况，增强对评估结果的信任度。例如，在评估学生综合素质发展时，采用标准化的测评工具和客观的评价指标，确保对每一位学生的评价都基于真实、准确的数据。

②注重过程与结果的结合。评估家校合作育人效果，不能仅仅关注最终的成果表现，还应高度重视合作过程的规范性与顺畅性。过程是实现结

果的基础,良好的过程管理能够为取得优异成果提供有力保障。在评估过程中,要详细考察合作活动的策划、组织、实施等各个环节是否科学合理,是否充分考虑到学生、家长和教师的需求与实际情况。同时,结合最终的教育成果,如学生的学业成绩提升、综合素质发展等,进行全面、综合的评价。只有将过程与结果有机结合,才能更准确、全面地反映家校合作育人的实际效果。

③及时反馈与调整。及时将评估结果反馈给家长和学校是推动家校合作持续改进的关键环节。根据评估结果,深入分析合作过程中存在的问题与不足,与家长和学校共同探讨解决方案,提出切实可行的改进措施与建议。同时,要根据实际情况灵活调整评估标准和方法。随着教育理念的更新、社会环境的变化以及家校合作实践的不断深入,原有的评估标准和方法可能需要适时优化完善。例如,每学期一次的学校诊断,如果发现某一评估指标在实际操作中存在不合理之处,项目组会及时进行调整,确保评估工作能够始终准确反映家校合作育人的实际情况,为合作的持续优化提供有效指导。

④建立长期跟踪机制。家校合作育人是一个长期而持续的过程,学生的成长与发展也并非一蹴而就。因此,建立长期跟踪机制对于持续评估合作效果至关重要。通过对学生在不同阶段的学习与生活情况进行长期跟踪观察,了解家校合作对学生的长期影响,分析家校合作在不同阶段对学生成长的作用与效果。长期跟踪机制能够帮助我们及时发现合作过程中出现的新问题,及时调整教育策略,确保家校合作育人模式能够始终适应学生的发展需求,持续发挥积极有效的作用。

6.4 改变/教育创新铺就美好之路

在当今时代,教育正站在一个关键的转折点上,面临着前所未有的巨大挑战与无限机遇。教育的变革与创新已成为时代发展的迫切需求,而在家校合作的模式下,教育创新正为学生铺就一条充满希望与可能的美好之路。

第一,构建开放、包容的教育环境。在家校合作的大框架下,学校积极构建开放、包容的教育环境至关重要。这不仅是简单地欢迎家长走进校园,更在于深层次地尊重家长所提出的每一条意见和建议。每一个家庭都有着独特的文化背景,从传统的书香门第到充满现代商业气息的家庭,从注重传统文化传承的家庭到推崇多元文化融合的家庭,其教育理念也千差万别。通过与家长进行深入且坦诚的沟通,学校能打开一扇扇了解学生内心世界的窗户。学校定期组织家长座谈会,邀请家长分享自己家庭的教育方式。有的家长强调培养孩子的独立思考能力,从小就鼓励孩子自主决策;有的家长则注重品德教育,通过言传身教让孩子懂得关爱他人。学校在了解这些信息后,能够根据每个学生的家庭背景和成长环境,为他们量身定制个性化的教育服务。对于那些在独立思考方面表现突出的学生,教师可以提供更多具有挑战性的问题,引导他们深入探究;对于注重品德培养的学生,学校可以组织相关的志愿者活动,让他们将所学的品德理念付诸实践。这种开放、包容的教育环境,使得学校能够更好地满足学生的多样化需求,促进他们的全面发展。

第二,促进跨学科学习与项目制学习。传统的教育模式,如同一个个独立的"知识孤岛",学生被要求按照固定的学科界限进行学习。然而,现实生活中的问题却往往是复杂且综合性的，涉及多个领域的知识。为了打破这种学科壁垒，学校与家长合作开展跨学科学习项目成为一种有效的教育创新方式。比如，在一个关于城市可持续发展的跨学科项目中，学校组织学生进行研究。学生们需要运用数学知识对城市的资源消耗数据进行分析，运用科学知识探讨新能源的应用，运用语文知识撰写研究报告，运用美术知识设计城市规划的视觉方案。家长在这个过程中也发挥了重要作用，有的家长是城市规划师，他们为学生提供专业的指导和实际案例；有的家长是科学家，帮助学生理解新能源的原理和应用前景。通过这样的项目，学生们在解决实际问题的过程中，学会了综合运用不同学科的知识，培养了创新能力和解决问题的能力。他们不再局限于单一学科的思维模式，而是能够从多个角度去思考和解决问题，这对于他们未来应对复杂多变的社会环境具有重要意义。

第三，加强实践教育与社区参与。学校拥有丰富的家长资源，这些家长来自不同的行业和领域，是学校开展实践教育活动的宝贵财富。邀请家长作为学生的实践导师，能够为学生提供真实的职业体验和实践指导。例如，课程中心、团委与国家气象局、街道社区合作开展环境与环保项目，邀请从事环保工作的家长带领学生参与垃圾分类宣传、空气污染监测等活动。在这个过程中，学生们不仅学到了环保知识和技能，更重要的是，他们亲身感受到了社会责任感的重要性。通过与社区居民的互动，学生们了解到自己的行动能够对社会产生积极的影响，从而培养了他们的公民意识。同时，这种实践教育活动也让学生走出校园，增长了见识，拓宽了视野。他们不再是只知道书本知识的"书呆子"，而是能够将所学知识应用到实际生活中的有能力、有担当的社会未来栋梁。

第四，推进教育技术的深度融合。随着科技的飞速发展，教育技术的应用已经成为学校教育创新的重要驱动力。学校与家长合作，共同探索如何将教育技术更好地融入学生的学习过程，能够为学生创造更加丰富多样的学习体验。以虚拟现实（VR）技术为例，学校可以利用 VR 技术创建历史场景、地理环境等虚拟学习环境，让学生身临其境地感受历史的变迁和地理的奇妙。家长可以在家中与孩子一起利用 VR 设备进行学习，比如在学习历史事件时，家长和孩子可以共同"穿越"到古代，亲眼目睹历史事件的发生过程，增强学习的趣味性和互动性。在人工智能（AI）技术方面，学校可以利用 AI 辅助教学系统，根据学生的学习情况为他们提供个性化的学习建议。家长可以通过手机应用程序了解孩子的学习进展和薄弱环节，与学校教师共同制订针对性的学习计划。此外，大数据和学习分析技术能够帮助学校和家长更精准地了解学生的学习行为和需求，为教育决策提供有力支持。

第五，建立全面的学生评价体系。在传统的教育评价体系中，成绩往往是衡量学生学习成果的唯一标准，这如同一个狭窄的"独木桥"，忽视了学生的多元智能和个性发展。为了改变这种局面，学校与家长合作建立全面的学生评价体系势在必行。这个评价体系应该是多元的、综合的，除了关注学生的学业成绩，还应将目光投向他们的创新能力、实践能力、团队合作能力等多个方面。例如，在一次科技创新比赛中，学生们以小组形式完成了一个智能机器人的设计和制作。评价时，不仅要考虑他们在技术方面的表现，还要评估他们在团队合作中的沟通能力、分工协作能力以及遇到问题时的创新解决能力。学校通过建立学生成长档案，记录学生在各个方面的表现和进步。家长也可以参与评价过程，分享孩子在家中的表现和特长。这种全面的评价体系能够让学生认识到自己的优势和不足，激发他们的学习动力和潜能，促进他们在各个方面的全面发展。

第六，加强师资培训与专业发展。学校教育的创新与改革，离不开教师的积极参与和专业发展。在家校合作的背景下，加强师资培训显得尤为重要。学校定期组织教师参加各类培训课程，提升他们的专业素养和教育教学能力。例如，邀请教育专家来校举办讲座，介绍最新的教育理念和教学方法；组织教师到先进学校进行观摩学习，借鉴成功的教育经验。同时，学校鼓励教师与家长合作开展教育研究和实践活动。比如，教师和家长共同开展关于学生心理健康的研究，了解学生在家庭和学校环境中的心理变化，制订相应的干预措施。通过这样的合作，教师能够更好地了解学生的家庭背景和需求，提高教育教学的针对性和有效性，促进自身的专业成长。

家校合作是推动学校教育创新与改革的核心动力。通过构建开放、包容的教育环境，让学校教育更具人性化和针对性；通过促进跨学科学习与项目制学习，打破学科界限，培养学生的综合能力；通过加强实践教育与社区参与，让学生在实践中成长，增强社会责任感；通过推进教育技术的深度融合，为学生创造更加生动有趣的学习环境；通过建立全面的学生评价体系，关注学生的全面发展；通过加强师资培训与专业发展，提升教师的教育教学水平。让我们携手共进，以教育创新为笔，以家校合作为墨，共同为学生描绘出一条充满希望与美好的未来之路，为他们的人生奠定坚实的基础，让他们在未来的社会中能够展翅高飞，实现自己的人生价值。在未来的教育发展中，我们还需不断探索和创新，进一步深化家校合作的模式和内容。

第7章 解锁/幸福有道

2023年，学校步入"学生成长"的主题年，这将是成果频出的一年，学校发展历程中的重要节点。在这刚过去的三年，学校过往的教育理念、教学方法、育人实践等各方面的积累，都将通过学生的成长与进步——展现。然而，这仅仅是创建幸福学校漫漫长路上的一处驿站。建设幸福学校，是一个没有终点的征程，前路依然漫长且充满挑战，需要持续不断地探索、改进与投入。

未来在何方？未来的幸福学校又会呈现怎样的模样？这不仅是萦绕在学校领导者心头、亟待深入思考的重要命题，更是全校教职员工乃至整个教育界都应共同关注、积极研讨的关键课题。它关乎着学校教育理念的持续革新、教学模式的不断优化，以及为学生创造更为优质成长环境的长远规划。

教育家陶行知说过："校长是一个学校的灵魂。"校长在一所学校的变革与创新中具有很大的影响力，具有关键性的作用。虽然每所学校都有未来，但能否走向教育者所瞩目的那个"未来"，校长的影响与实践是关键。

2022年11月，中国网教育频道重磅推出《校长说》栏目，广邀全国名校校长，分享办学理念与治学经验。针对教育领域的热点话题，校长们各抒己见，深入梳理学校办学成果，全方位展示在未来学校理念指引下的实践成效，充分彰显学校独特的办学特色。作为校长，我有幸受邀参与该栏目采访，其间，畅谈了我对未来学校的深刻见解。在我心中，一所极具未来感的学校，首先浮现的关键词便是"幸福"。校园里，教师们面带如春风般和煦的笑容，热忱迎接每一位学生的到来。学生们则洋溢着自信的神采，在校园中欢快地学习、尽情地生活，处处洋溢着蓬勃朝气与无尽活力。紧随其后的关键词是"做最好的自己"。这意味着在校园这片沃土上，每一个人都能充分挖掘自身潜力，以最出色的姿态实现生命的成长与蜕变。在这一过程中，他们能真切地感知到成长带来的快乐。支撑这种成长的，是一种看似柔软却蕴含着巨大能量的力量。成长的历程或许温和，但它赋予个体强大的感知幸福的能力。这种能力不仅强大，更让生命充满价值感。还有一个关键词是"助力"。在未来感的学校里，师生之间、生生之间彼此扶持、相互助力。当师生共同攻克难题，当同学之间携手完成任务，自豪感便会在心底油然而生，幸福感也随之弥漫开来，价值感自然而然地扎根心底。

对于学校而言，未来感集中体现于"求索、幸福"。这不是简单的词语，而是学校坚守的核心价值观。在这一核心价值观的引领下，师生共同沉浸在充满活力与温暖的生命幸福场中，而这正是我们幸福感的源头。置身其中，教师们满怀热忱、自由快乐且全力以赴地投入工作；学生们则在丰富多元的课程体系中，开启快乐学习之旅，尽情体验知识的魅力与成长的喜悦。

憧憬未来，解锁幸福密码的理想学校，其宏伟蓝图在我们的视野中缓缓铺陈开来。在这如梦似幻的未来校园里，幸福具象为教师眼中对学生的殷切关怀，化作学生在知识海洋遨游时的满足与自信。幸福是师生间相互助力时的毫无保留，是每个人都能在其中尽情绽放、做最好的自己。

我们深知，未来并非遥不可及的空中楼阁，它正孕育于当下坚实的每一步。此刻，学校已然稳健地踏上了这通往幸福的漫漫征途。在日常校园生活的每分每秒，幸福的雏形早已若隐若现：从教师精心备课只为给学生呈现精彩课堂,到学生勇敢挑战自我、不断突破成长的瓶颈;从同学间为一道难题热烈讨论、携手攻克,到家校联动为孩子成长倾心付出……

这些故事,看似平凡无奇,却蕴含着无尽的温暖与磅礴的力量。它们承载着学校"求索幸福"的核心价值,是解锁幸福密码的关键碎片。接下来,就让我们怀揣着期待,一同走进这些洋溢着幸福的动人瞬间,去探寻学校独特的幸福之道。

7.1 自主管理:开启成长的幸福密钥

自主管理学院,仿若一座精心雕琢的梦想学府,为学生铺展了一片浩瀚无垠的成长天地。从踏入这里的那一刻起,学生便踏上自我探索的伟大征途,在成长的浩渺宇宙中,执着找寻那专属自己的独特轨迹。年级组建设自主管理学院秉持着这样的原则:但凡学生会做之事,皆放手让学生去做;学生若遇不会之事,老师则给予悉心建议,鼓励学生大胆尝试。在这一次次尝试中,学生们逐渐树立起规则意识,久而久之,习惯养成,最终实现自主学习、快乐学习,达成无须他人提醒的自觉境界。

● 案例1

大家好,我是初二年级自主管理学院的院长宋欣蕊。今天,我们要为大家介绍我们年级别具一格的自主管理模式、精彩纷呈的学科活动,以及特色鲜明的自习课。下面我想跟大家讲讲我的成长故事。

在初一年级时,我首次听闻"自主管理学院"这个特别的组织,得知学院院长由学生担任,这瞬间激起了我强烈的好奇心,迫不及待地想知道这究竟是怎样一个独特的存在。记得那天,我满怀激动地参加学院院长的竞选，最终却满心失落。没错，我落选了。事后，我与导师一同复盘此次失败的原因。导师鼓励我要积极主动、乐观豁达地面对一切困难与挫折。我也深刻反思，总结出落选的缘由：一方面，我对这个职位缺乏足够的了解，也未曾主动深入探究；另一方面，小学时养成的依赖老师督促的习惯，让我在竞选时乱了阵脚。看到台上同学们凭借自己精心制作的精美PPT，自信满满地脱稿演讲，我瞬间慌了神。如此看来，落选也在情理之中。这次经历让我明白，日后但凡想要做成一件事，都必须做好全方位的准备，包括资料收集、状态调整、时间规划等。这次尝试，让我初步明晰了如何做好一名初中生。时光流转，到了初二，终于迎来学院院长改选，我再次兴奋地报名。这一回，我精心筹备，提前了解院长的具体职责，向同学请教、找老师咨询、研究宣传海报，极其认真地准备PPT和演讲稿，遇到不懂之处，便紧追着老师刨根问底。在报名截止日期前几天，我就提交了所有材料，还在家反复练习，从语言表达、肢体动作到面部表情，都进行了细致打磨。不出所料，这次竞选我成功了。但相较于竞选成功的喜悦，更让我骄傲的是，在准备过程中，我真切地见证了自己的成长与进步。我学会了如何高效做事，懂得了怎样全力以赴，还能自主规划时间，与一年前的自己相比，已然实现了质的飞跃。

在自主管理学院，我找到了属于自己的成长之路，这种获得感让我由衷地感到幸福。（班主任：代晓露）

● **案例 2**

大家好，我是初二年级自主管理学院数学部部长马君宇，由我来给大家讲讲我们年级备受同学们喜爱的学科活动。

我们的学科活动丰富多样，语文的朗读大赛、数学的"人人都是出题人"、英语的阅读大赛、生物的趣味问答以及地理的"走遍世界"等，这些活动让我们的中学生活变得五彩斑斓、充满乐趣！还记得当初，我历经努力成功竞选为数学学科部部长。刚上任不久，面对新角色，我一时有些茫然，不知从何下手。好在老师给我支了一招：问部员。我心想，这方法看似简单，不妨一试。于是，我迅速组织部员展开讨论，探讨如何通过学科活动激发大家对数学的学习热情。大家你一言我一语，现场气氛热烈，提出了诸多想法。可面对众多建议，我又犯了难，只得再次向老师寻求帮助。在老师的悉心指导下，我们最终敲定了第一次活动的设计方案：这次数学学科活动，从出题、答卷、阅卷到讲解改错，全程都由学生参与完成。我们力求将学习与娱乐巧妙融合，让大家在趣味中学习，在学习中收获快乐，这样的构思真是妙极了！有了清晰的思路，我们立即着手落实。经过深入讨论，我们精心制定了任务单，发放给每个班的数学课代表，再由课代表传达给同学们。

具体任务如下：第一环节：每位同学依据对本章知识点的理解，出一份试卷，并附上答案，在卷头注明出题人姓名。第二环节：两个班相互交换试卷，答题人在卷头写上自己的名字。第三环节：拿回本班试卷，每人根据自己所做答案批改自己出的那份卷子。第四环节：找到做题人，为做错题的同学讲解错题，或者督促其认真改错。

同学们得知任务后，都兴奋不已。有的同学一心想出难题，难倒所有人；有的同学则希望能出一些简单的题目。课间时分，大家都在热烈讨论出什么题、怎么出题。记得上次学科活动，我出的题竟难倒了年级里的几个学霸，为了请教问题，他们追着我问了整整一个中午，能给学霸讲解题目，可把我乐坏了。事实证明，大家都非常喜爱我们设计的学科活动！同学们之间的话题，也从以往的"聊聊游戏"变成了"我来给你出道题"。

回顾这次活动，从最初的毫无头绪，到大家一起热烈讨论，甚至争得面红耳赤，再到理性判断、果断决策，遇到困难时共同商议、及时调整，整个过程充实又有趣，这种体验实在太过瘾了，我由衷地喜爱。

在自主管理学院，我们探索出了全新的学习方式，这让我深深体会到

幸福的滋味。(班主任：张桂芹)

● 案例3

大家好，我是自主管理学院自习项目组组长郭子琛，今天我来给大家讲讲我们年级的自习课。

初一那年，我们依照课表开始上自习。一段时间后，情况有了变化，我有了新身份——年级自主管理学院自习项目组组长。老师宣布，自习课老师不再出现，要同学们自主上自习。听到这个消息，我心里直犯嘀咕，觉得这组长可太难当了。但老师满怀信心地问我们："自己上自习没问题吧？大家想想办法？"在老师的不断追问与启发下，经过几天的反复琢磨，与组员反复商量，我们终于有了方案：自习项目组制定了自习规则，并在晚检时间向各班同学进行宣讲，广泛征求大家的意见，在获得全体同学认可后，开启了自习课。

原本以为规则既已制定，大家也都认可，实施起来应该顺风顺水，可没料到，同学们坐在座位上一脸茫然，完全不知道该做什么。一节课下来，好多同学连笔都没动，虽说大家都在努力克制，但着实忍得辛苦，自习课的时间就这样白白浪费了，这让我心急如焚。

自习课结束后，我立刻召集项目组的同学们，共同商讨应对之策。大家纷纷反映，各自班级都出现了类似状况。我们一致认为，问题的根源在于同学们不清楚自习课该做什么，以往都是老师布置任务，大家按部就班地执行，如今没人安排，自然就不知所措了。为解决这一难题，在老师的指导下，我们共同制作了一份自习课规划单。

自习课开始时，我们将规划单发放给同学们，让大家依据规划单规划自己的自习课内容；自习课结束后，对照规划单检查完成情况。在晚检时，同学们相互分享自己的规划与落实情况。在这个过程中，大家学会了规划与执行，还找到了自己的学习榜样与学习伙伴。

如今，自习课时每个班都安静有序，同学们的学习效率大幅提升，达成了年级提出的目标——会规划，善落实。我们是不是很了不起？我为自己所在的自习项目组深感骄傲。

在自主管理学院，我们商讨并落实了自我管理规划，这让我收获了满满的幸福，我们项目组很了不起。（班主任：赵国菁）

7.2 温暖感恩：解锁心灵的幸福密码

回首过往，幸福并非遥不可及，它藏在生活细微处，被温暖与感恩照亮。在校园的点点滴滴，都拼成幸福的模样，而串联这一切的，正是人与人之间的温暖，以及心底涌起的感恩。温暖与感恩，是幸福的真谛，是前行的动力。

● 案例4

温暖与感恩：幸福的真谛

今日，作为毕业生，作为校友，我满心欢喜地重返这片熟悉的校园。离校仅仅数月，可往昔的记忆却如潮水般在心中翻涌，浓烈而炽热。私下和同学们相聚闲聊时，大家总会不约而同地感叹，好想穿越回三年前，再回到那个小巧却满溢温暖的校园。因为，那里承载着我们成长途中的幸福点滴，珍藏着青春岁月里最美好的片段。而在这一切美好背后，感恩，如同一条无形却坚韧的丝线，串联起所有的温暖与感动，成为解锁幸福的密码。

陪伴，厚植幸福成长的沃壤。

那一年的9月1日，我初次踏入学校的大门，那一刻，便开启了一段充满惊喜与感动的旅程。每天清晨，哪怕天色尚早，只要踏入校园，便能看到身披绶带的老师和同学们，迎着晨曦，绽放出灿烂的笑容，那股扑面而来的热情与活力，瞬间驱散了清晨的困倦，为新的一天注入了满满的能量。礼貌与友善是校园的主旋律。同学们见到老师，总会主动且热情地问好，而老师们也总是亲切地回应，那一声声"好"，如同春日里的暖阳，温暖着每个人的心田。走进教学楼，熟悉的脸庞映入眼帘，同学之间相互打招呼，亲切的问候声此起彼伏，让人真切地感受到了浓浓的同窗情谊。走进班级，班主任老师早已静静等候在角落。大多时候她只是默默注视着我们，言语不多，却给人一种安心的力量。每个清晨和中午她都默默陪伴在我们身旁。老师们用无声的行动，诠释着什么是默默奉献，什么是无私陪伴。这份无声的关怀，如同春雨润物，悄然滋养着我们的心灵，让我们在充满爱的环境中茁壮成长。我感恩这样的校园氛围，它就像肥沃的土壤，为我们的幸福成长提供了源源不断的养分。

投入，推开知识宝库的大门。

回想起三年前的第一堂课，老师们激情澎湃的授课场景仿佛就在眼前。课堂上，教学方式丰富多样，令人目不暇接。老师的板书苍劲有力，一笔一画都蕴含着知识的力量；精心制作的PPT生动形象，将抽象的知识变得鲜活易懂；小组讨论环节热烈非凡，同学们各抒己见，思维的火花在碰撞中绽放；各类实践活动精彩纷呈，让我们在亲身体验中加深对知识的理解。在那个洒满阳光的教室里，我们瞪大双眼，如饥似渴地聆听着老师的讲解，沉浸在浓厚的学习氛围中，仿佛置身于知识的殿堂。如今，我已步入高中，时常听到昔日同窗说现在的课堂不尽如人意，每当这时，我都会更加怀念初中老师们精彩绝伦的课堂。学校或许在硬件资源上比不上一些学校，但老师们个个教学水平精湛，教学态度更是无可挑剔。正因为有了他们的悉心教导，我们这一届才能涌现出众多优秀的学子。这些成绩的取得，绝非偶然，而是初中三年老师们辛勤耕耘、我们努力积累的结果。

我感恩每一位老师在课堂上的倾囊相授，是他们用智慧的钥匙为我们开启了知识宝库的大门，让我们在知识的海洋中尽情遨游，收获成长与幸福。

热爱，燃亮梦想征途的航灯。

老师们不仅是知识的传播者，更是我们成长路上的知心朋友，给予我们亦师亦友的关怀。还记得刚上初中时，我的英语成绩在班级中处于下游，我对英语学习毫无信心。到了初二，英语老师敏锐地察觉到我的问题，她语重心长地告诉我，英语学习要从日常点滴抓起。此后，我们常常在等车时相遇，老师便抓住这个机会，与我交流英语学习心得，耐心地纠正我的发音，分享学习技巧。在老师的悉心指导下，我的英语成绩逐渐提高，对英语的兴趣也愈发浓厚。初三那年，学业压力如山，同学们都需要提前预约老师答疑。有一次，我因为问题较多，将生物汪老师约到了晚上七点。等我问完其他问题，已经八点了，本以为老师早已离开，没想到透过办公室的门缝，我看到稀疏的灯光下，老师的几缕白发在微风中轻轻飘动。那一刻，我的眼眶湿润了，内心充满了感动。我偷偷拍下了这一幕，铭记下这份温暖。老师家离学校很远，坐车需要一个半小时，但当我走进办公室时，老师没有丝毫抱怨，反而递给我一块巧克力，关切地说："初三学习辛苦，要记得补充营养。"汪老师不仅在学习上对我关怀备至，还通过言传身教，教会我做人的道理。她让我懂得了要放下自我，关心他人，为他人着想。老师们还常常与我们畅谈学习之外的话题，比如未来的梦想、个人的目标，以及与父母的关系等。他们就像我们在学校的父母，全方位地关心着我们的成长。在老师们的引领下，我们明确了自己的人生方向，成了怀揣梦想的追光者。而这所学校，就是我梦想启航的港湾。我感恩老师们的辛勤付出与悉心关怀，他们就像明亮的灯塔，在我们梦想的征途上，照亮前行的道路，给予我们温暖与力量。

友情，编织幸福生活的锦带。

在学校，我收获了一生中最珍贵的财富——友谊。那些一起奋斗的日子，充满了欢声笑语与温暖。初三下学期开学，我的脚腕骨裂，行动极为不便，常常只能在教室里休息。然而，同学们的关爱如同一束束温暖的阳光，照亮了我那段艰难的时光。每到中午，总有几位同学主动为我打饭，他们担心饭菜变凉，总是先把饭菜送到我手中，然后才匆匆返回食堂就餐，来来回回，耗费了不少时间，却毫无怨言。初三实行走班制，又总有同学贴心地帮我拿书包、挪椅子，细心地替我放置拐杖。还记得那些夕阳西下的傍晚，学校操场上，我和挚友的身影被拉长。为了帮助我尽快恢复，他每天晚上都会搀扶着我，在操场上锻炼脚腕。我一瘸一拐地艰难前行，他却故意装作比我更吃力的样子，用幽默的话语鼓励我，让我重拾信心。正是同学们的陪伴与帮助，让我在体育中考中没有因伤病而失分。在青春的岁月里，这个温暖的校园，让我结识了一群志同道合、能信赖一生的挚友，也让互帮互助的精神深深扎根在我们心中。这份真挚的友情，如同丝线一般，编织成一条坚固的纽带，将我们紧紧相连，让幸福在彼此之间传递。我感恩每一位同学的陪伴与帮助，是他们让我的校园生活充满了温暖与欢乐。

展示，构筑自我成长的高台。

丰富多彩的校园生活成为一道道亮丽的风景线。运动会上，同学们奋勇拼搏，为班级荣誉挥洒汗水；学生节里，大家尽情展示才艺，释放青春活力；纪念日活动庄重而肃穆，让我们铭记历史，珍惜当下；学代会上，严肃认真，培养了我们的民主意识和责任感；校园歌会上，歌声悠扬，唱响青春的旋律；游学活动让我们走出校园，拓宽视野，增长见识。此外，年级举办的四大名著戏剧展演，让我们在舞台上演绎经典，感受传统文化的魅力；各类表彰活动，激励着我们不断追求卓越；诗词飞花令，让我们在诗词的海洋中畅游，领略中华文化的博大精深；百日誓师大会，为我们注入学习的强大动力。班级里的班会、诗词讲堂、心理减压活动、外出体验以及社会实践等，更是丰富了我们的课余生活，让我们在学习之余得到了全面的发展。在这些活动中，无论是主持人、发言人，还是小演员、各类筹划人员，都是同学们积极参与报名选拔产生的。只要有热情、有想法，就能在这里找到展示自我的机会和锻炼自我的平台。我感恩学校为我们组织的这些活动，它们就像一个个绚丽的舞台，让我们能够充分发挥自己的特长，展现自己的个性，实现自我价值，收获成长的幸福。

回顾三年初中时光，我心中充满了感恩之情。是学校的老师们用智慧和爱心，为我开启了知识的大门，引领我追逐梦想；是同学们的陪伴和帮助，让我在成长的道路上充满欢笑与力量；是丰富多彩的活动，让我有机会展示自我，实现价值；是温暖的校园氛围，让我感受到关怀与归属感。感恩，让我看到了生活中的美好，让我懂得珍惜每一个瞬间。它如同神奇的密码，为我解锁了幸福的大门，让我在人生的道路上，能够怀揣着满满的幸福，坚定地走下去。如今，每当我回家路过母校门口，总会不由自主地停下脚步。银杏树叶铺满大地，大槐树下依旧人来人往。这熟悉的场景，承载着我对校园深深的眷恋和学校给予我的温暖与幸福。这份情感，如同陈酿的美酒，随着时间的推移，愈发醇厚，永远珍藏在我心间。

感谢学校里的每一位老师、每一位同学，是你们让我懂得了感恩，让我收获了幸福。这份感恩与幸福，将伴随我一生，成为我前行路上最宝贵的财富。（毕业生：常欣海；年级主任：刘秀兰）

7.3 探索突破：扭开幸福的关键密匙

学校的很多教师都在追寻幸福的道路上笃定前行。语文徐欣悦老师作为全体教师代表，在她的语文教学领域，不断钻研创新，以生动且富有深度的授课方式，让学生沉醉于汉语言文字的魅力之中；她身为班主任，用心呵护每一位学生的成长，用爱营造温暖的班级氛围。在教育戏剧方面，她积极探索，将戏剧元素巧妙融入课堂，为学生开启了全新的学习体验。同时，她深入"学习治疗"领域，精准洞察学生学习困境背后的成因，助力学生突破学习瓶颈。而在课外书阅读推广上，她精心引导，带领学生在浩瀚书海畅游，培养学生的阅读习惯与思维能力。在这些方面的多元深耕，让她实现了脱胎换骨的蜕变，成长为一名一专多能的优秀教师。也正是在这持续发展、不断突破的过程中，徐欣悦老师真切地找到了那份源于自身发展的幸福。

● 案例5

幸福的三重奏——在教育旅程中找寻光芒

我身为一名教师，始终在追寻幸福的道路上坚定前行。于我而言，幸福并非高深莫测的谜题，它质朴而真切，源自学生的成长、专业的精进以及自我的多元发展。

成就，收获幸福硕果。

那天，一款专为毕业班打造的原创沉浸式真人秀游戏——"顶配冲鸭赛"惊艳亮相！这一创意结晶，是我与班里同学们为给学习增添趣味、齐心协力设计而成。提及"顶配"，大家往往会联想到汽车的高端配置。没错，这款游戏巧妙地与汽车元素紧密相连，不仅涉及汽车配置，还融合了交规与摇号的概念。语文学习的各项内容被巧妙化作汽车的各类参数，从低配到顶配，难度层级任由同学们自由挑选。游戏分值以万为单位计量，一旦触犯游戏规则，就如同违反交规，扣满12分，本周游戏资格便会被取消，恰似驾照被注销。而最终的奖惩，则通过摇号的方式来决定。游戏一经启动，奇妙的变化接踵而至。我的办公室一改往日的冷清，变得热闹非凡。每个课间、每个午休时段，都有学生前来奋笔疾书。"低配""高配"

等词汇频繁出现在他们的日常交谈中。家长们也不再仅仅紧盯考试成绩,这款游戏成功引导他们将目光更多地投向了学习过程本身。然而,最令人欣喜的改变,当属孩子们精神面貌的焕然一新。选择顶配的同学,即便未能斩获分数,单是这份挑战的勇气,便让他们自信倍增;选择低配的同学,在拿走测试小条时,总会补上一句"先测个简单的",随后脸上浮现出向更高难度发起冲击的坚定神情;在最后梯队中被抽中满足全班同学愿望的同学,虽略带沮丧,但眼神中满是蓄势待发、东山再起的豪迈气概。他们的每一种表情,都洋溢着独特的魅力!学生们在自我激励与自我欣赏中,全身心投入学习中,沉浸其中,乐此不疲。而我,也在助力学生成长的过程中,真切地寻获了那份"实实在在、无比笃定的幸福"。

深耕,拥抱幸福光芒。

身为语文教师,我时常思索,如何让自己的语文课独具特色,牢牢吸引学生的目光。但总感觉缺失了某种关键要素,这令我一度陷入迷茫。那年,学校工作主题为"教师成长年",而我有幸加入学校与北京师范大学合作开展的"名师教学风格培育"项目组。北师大的教授们,为我们深入解读"教学风格"的内涵。方麟教授担任我们语文小组的导师,在不断的交流、探索中,我恍然大悟,苦苦寻觅的关键要素,正是每位教师独有的"教学风格"。于是,我毅然踏上探寻"教学风格"的征程。在这一年里,我踊跃参与众多研究课与公开课。学校领导、语文组同人以及方教授,都不遗余力地帮我剖析自身的优势与不足,助力我探寻并塑造独属于自己的教学风格。然而,项目临近尾声,我仍未找到与自身教学风格完美契合的表述。直到方教授的一个问题,如醍醐灌顶般点醒了我。他问:"你心目中一堂出色的语文课是怎样的?"刹那间,我忆起曾经聆听过的一堂极为精彩的语文课,当时的感受只有一个字——"美"。没错,语文课理应是美的,中国的语言文字、文学文化本就蕴含着无尽的美感。就这样,我终于清晰且明确了自己的教学风格——"美丽语文"。在后续的教学中,我将"美丽语文"作为新一届学生的起始课内容。课堂上，我通过生动鲜活的实例，向同学们展示语文所蕴含的"文字美、语言美、意境美、情感美、思维美、文化美"。不仅如此，我还独创了能够体现分层、极具个性化的语文作业——"寻找语文之美"。"教师成长年"让我在专业成长的道路上大步迈进，收获了一份沉甸甸、实实在在的幸福。

研究，奏响幸福华章。

我曾有幸参加台湾欧怡雯教授在北京举办的"教育戏剧"工作坊。在学习过程中，我深深被"戏剧"的独特魅力所折服。工作坊结束后的次日，我满心激动地跑去对李副校长说："李副校长，我找到了人生梦想，我要把戏剧引入课堂、带进校园。"记得当时李副校长听后，脸上洋溢着笑容，连连说道："不错不错，有人生梦想了！一起努力实现！"起初，我以为李副校长只是在鼓励我，未曾想，很快这个梦想竟真的照进了现实！又是在"教师成长年"，学校大力鼓励老师们申报区级课题与项目。众多老师纷纷响应，我也满心渴望开展与戏剧相关的项目，却因难以寻觅足够的戏剧老师而犯难。学校得知我的困境后，迅速多方联络资源，最终成功找到一家具备合法资质、能够提供戏剧课程的教育机构。在学校的全力支持下，我的"教育戏剧在中学语文课堂中的应用研究"课题与"'戏剧+'课程的开发与实施"项目均申报成功！其中，课题还被列为"海淀区十三五重点课题"！历经两年的课题研究与一年的项目实践，"戏剧"在潜移默化中为我和我的学生带来了翻天覆地的变化。这种改变，不仅体现在课程设置上，更深刻地影响着每一个人。

学生小明刚上初中时，是班里最沉默寡言的一个。课堂上，他总是昏昏欲睡。小组评比时，组员们为了让他打起精神，在他课桌上贴满了"不要睡觉"的爱心小条，可他依旧难以自控。久而久之，同学们渐渐失去了信心，课间时分，他总是形单影只。我曾建议家长带他去看中医，服用一段时间中药后，未见明显效果。后来前往心理门诊，诊断结果是"习得性无助"。此后，孩子留起了长发、蓄起了长指甲，仿佛试图将自己封闭起来，不愿被他人关注。作为老师，我看在眼里，疼在心里。第一次察觉到他的转变，是在一次戏剧班会课上。尽管起初他有所抵触，但已然能够与同学们配合表演。从那以后，他对戏剧活动愈发积极主动，肉眼可见地变得开朗自信，同学们也对他刮目相看。在我们班的毕业大戏中，他成功成为主角之一。记得最后一次排练，当表演到运动会上为运动员加油助威的场景时，同学们都因羞涩而不好意思大声呼喊"加油"。就在大家面面相觑、忍俊不禁之时，他突然大声且坚定地喊出了一句"加油"！众人皆为之一振，纷纷看向他。迎着众人的目光，他再次大声呼喊"加油"！或许是大家忆起了他这三年来的蜕变，又或许是回想起三年的同窗时光，抑或是想到即将到来的分别，刹那间，所有人都被他的情绪感染，齐声高呼"加油"，此起彼伏的呐喊声回荡在教室里。有的同学激动地相互击掌，有的同学眼中泛起了泪花，而他，捂着脸，泣不成声。有一年教师节，小明前来看我。眼前的他，焕然一新：利落的发型，得体的指甲。他笑着对我说："老师，要不是您让我参与戏剧表演，我都不知道自己能否走到现在……"他说得云淡风轻，可这句话却深深触动了我，让我久久无法平静。我原以为，将戏剧引入校园，仅仅是实现了个人梦想，却未曾料到，它竟能赋予一个生命重新拥抱生活的勇气。或许每一次戏剧课，都在悄然改变着一个个鲜活的生命，让他们在面对未知人生时，更加自信、坚强与积极。

　　来到学校的这四年，对我的人生而言，堪称意义非凡的蜕变期。四年间，我撰写了 16 篇论文，其中 3 篇荣获全国一等奖，4 篇发表于《班主任》《海淀教育》等杂志。在校内外开展教育教学交流活动 30 余次，其中两次在全国班主任年会上进行主题发言。2023 年 6 月，我还受邀参加清华大学与海淀教委联合举办的"第一届全国积极教育大会"，将自己在教学生涯中的所思、所感、所用，分享给来自全国 700 多所学校的代表们。

除了深耕语文教学与班主任工作,我在"教育戏剧""学习治疗""整本书阅读"等领域也取得了长足发展。如今"脱胎换骨"、实现"一专多能"的我,真切地感受到了幸福对我的眷顾。

还记得那个"名师教学风格培育"项目吗?如今的我,看上去已然颇具"名师"风范。而实际上,我更觉得自己成了一名"明师",是"明明白白"的"明"。历经这四年的不懈探索,我终于能够明明白白地教书,明明白白地育人,明明白白地体悟属于自己的幸福钥匙。(徐欣悦)

7.4 家校携手:巧解幸福的梦想密锁

家庭,作为孩子们成长的温暖港湾,给予孩子们毫无保留的关爱、理解与支持。那围坐在一起共享晚餐时的欢声笑语,遇到挫折时父母那充满鼓励的眼神,都化作了融融暖意,萦绕在孩子们心间。对于老师而言,让学生们幸福成长是一份重于泰山的责任。这份责任驱使着老师在三尺讲台上倾尽全力,以渊博的知识为笔,以耐心与爱心为墨,精心勾勒学生们的未来蓝图。在为学生答疑解惑的过程中,在陪伴学生成长蜕变的日日夜夜,老师收获着满满的职业幸福。这幸福,不仅在于看到学生在学业上取得进步,更在于见证他们从懵懂稚嫩走向自信成熟,学会关爱他人、懂得承担责任。而这,恰恰也是教育的真谛所在。教育绝非仅仅是知识的单向传递,而是一场爱与责任的接力,是用老师的智慧与心血,串联起孩子的努力与家庭的温暖,共同培育出能够勇敢追梦、心怀大爱的栋梁之材,让这份对知识的热忱、对生活的热爱得以代代相传。

学生小洋得了重病。在灰暗的日子里,他从小学升入中学,经历了病痛的折磨和内心的挣扎，他的家庭一度陷入困境不能自拔，在老师的努力引导下，家校携手，一路走来，孩子和家庭重拾光明和面对困难的信心，如今幸福地生活在一起。孩子的努力，家庭的温暖，对于老师来说无疑是一份荣誉，更是一份责任，也是一名老师的职业幸福所在，也是教育的真谛所在。

● 案例6

访谈——我们携手走过的岁月

郑老师： 人生至福，并非坦途顺遂，而是在荆棘之路上，觅得一群风雨同舟的伙伴。在我们班，有这样一位同学，他所经历的，相较其他同学而言，更为刻骨铭心、耐人寻味。历经病痛的严酷折磨，他非但没有被打倒，反而坚强勇敢地重新站起。倘若说，平安顺遂是一种难能可贵的顺境中的幸福，那么，与命运不公顽强抗争、重获新生的幸福，则更令人心生敬意，引人深思回味。有请小洋妈妈。

小洋妈妈： 大家好，作为家长，能够再次回到这所给予我生活勇气与信心的学校，心中感慨万千。我的家庭曾经十分幸福美满，是一个温馨的三口之家。曾经，我和孩子爸爸各自在工作领域里忙碌且快乐地奋斗着，追逐着属于自己的梦想。孩子每天也开开心心地去学校学习，家中处处洋溢着欢声笑语，时刻充满温馨与幸福。然而，命运的转折突如其来，一场可怕的灾难降临到我们家，孩子患上了严重的疾病。刹那间，我们的生活被阴霾笼罩，沉重的压力让我们几乎喘不过气来，生活仿佛失去了目标与动力。孩子住院期间，身体和精神都遭受着巨大的折磨，一次次下达的病危通知书，几乎将我和孩子爸爸推向崩溃的边缘。那段日子，宛如一场挥之不去的噩梦。好在经过几年坚持不懈的治疗，孩子的身体状况逐渐好转。如今，我们把他送进了咱们学校。但因为孩子年龄稍大，加上身体原因，我们担心他会受到同学的歧视；又因无法参与集体活动，怕老师会另眼相看。这是我当时的担忧。

郑老师：是的，开学不久，班上就有同学议论纷纷，说小洋不用写作业，真轻松，太让人羡慕了；还说小洋可以晚到学校，每天不用早起，真幸福。听到这些后，我们在班会课上组织大家一起讨论"幸福究竟是什么"。很多同学认为，幸福就是不受约束，能随心所欲做自己想做的事，是一种自由自在的状态……经过一番热烈讨论，同学们最终明白：其实，每个人生命的轨迹都独一无二，不能只盲目羡慕他人生活中的某一部分。很多时候，幸福感源自被他人关爱、被他人需要，以及关爱他人，而这，往往也是我们生命的意义所在。小洋同学来到我们班级，让我们看到了生命的顽强与宝贵；而我们出现在小洋的生命里，也让他知晓生命的丰富多彩。所以说，幸福是相互间的付出与关爱。后来，在一次运动会筹备期间，班级同学设计入场式时，为了达到整齐统一、精神饱满的效果，打算每人准备一件"号坎"。大家兴致勃勃商量的时候，小洋同学因为身体原因无法参加，只能在一旁默默失落。这时，有同学小声提议，要不要给小洋也买一件呢？有的同学说，他不能参加剧烈运动，不需要吧。但更多同学表示，他永远是班级的一员，或许他不能和我们一起在操场上奔跑，但我们一定要让他感受到班级的归属感。于是，大家一致决定给小洋买一件，并且由体委和班级代表将这份心意赠送给小洋。因为小洋，班级里的同学们更加深刻地体会到：我们被小洋需要着，小洋也被我们关爱着，彼此在对方的生命中留下独特的痕迹，这，就是幸福！

小洋妈妈：没错，我特别感谢小洋在校期间，老师和同学们给予他的诸多帮助。小洋在学校适应得非常好。因为他身体不好，很多同学都会主动热情地帮助他。有一位同学，甚至在这几年里一直帮小洋搬书，主动承担那些重体力活；老师们对他的关怀与帮助更是细致入微。小洋因为身体原因，经常会感到疲倦。有一次，他身体不舒服，在教室里睡着了，老师担心他被风吹感冒，轻轻地为他关上门；老师还担心他落下功课，主动把备课资料发给他，利用午饭时间为他耐心补课，并且不断地鼓励他、激励他；下雨天的时候，老师会撑着伞送他出学校。这样的暖心小事数不胜数。在病痛中苦苦煎熬的孩子，内心也渐渐发生了变化，他真切感受到了温暖，体会到了师生之间深厚的情谊，曾经压抑困苦的思想也慢慢得到了释放。可是，孩子的病情总是反复无常，阴霾始终笼罩在我的心头。我曾经也是身着职业装、脚踩高跟鞋，穿梭于写字楼的职场女性，但那段时间，每天都在担惊受怕中度过，完全找不到生活的方向与意义，内心痛苦万分。

郑老师：实际上，那段时间我也一直在思考，怎样才能帮助小洋妈妈走出这样的困境。我们心理老师常说：遇到任何事情，都要往积极的方向去看，努力把坏事变成好事。小洋妈妈有时跟我说起孩子的情况，也会倾诉自己的痛苦。作为老师，我经常开导她：一味地关注孩子的痛苦，只会让自己越来越难过。缓解压力与痛苦的最佳方式，就是把注意力从痛苦的事情上转移到令人愉悦的事情上。在面临困境时，家长也要学会转移焦虑。我们生活中的每一刻都蕴含着意义，要多关注积极的一面。孩子本身非常懂事，如果让他觉得因为自己给家庭带来诸多困扰，让您变成了全职主妇，而您又不积极振作起来，孩子会更加内疚。他会觉得因为自己，您的人生失去了光彩，这样孩子也会迷失方向。所以，为了孩子，您一定要重新振作起来！找回曾经失去的那份幸福！我建议您先找一份工作，最好就在学校附近，这样既能方便照顾孩子，又能让孩子看到您的生活再次丰富多彩起来。今天回家，就立刻买一双高跟鞋，穿上职业装，重新找回往日的自信与风采，回到职场中去！成为孩子生活中的榜样！

小洋妈妈：是的，和郑老师交谈过后，我回去就给自己买了一双红色的高跟鞋，我希望自己能像红色一样，充满热情、积极向上。从那以后，我不再每天处于紧张焦虑之中，开始放松心情，用心布置家里，在家中多一些欢声笑语，努力为孩子营造轻松的氛围。孩子也变得开朗起来，会跟家人分享学校里的人和事，讲述周围的环境，家里不再是压抑紧张的气氛，渐渐地又充满了欢声笑语。时光飞逝，在学校的三年时光转瞬即逝，孩子在老师的悉心关怀和同学们的陪伴下，顺利升入了更高年级的学校；这三年里，我也收获颇丰，重温了自己的专业知识，重新回到了工作岗位；孩子父亲的事业也发展得越来越好。如今，我们夫妻二人各自在工作领域努力奋斗，追逐着自己的梦想。孩子每天正常上学，坚持锻炼身体，继续努力完成学业。家中再次充满了欢声笑语，周末我们还会一起共度美好的时光。孩子所经历的这一切，曾经让我无比崩溃，而现在，我满心感激，感激孩子的坚强与勇敢，感激每一位帮助过孩子的朋友和同学，感激孩子的老师们，是他们让孩子在这三年里度过了温暖、幸福的时光！

郑老师：孩子的努力奋进，家庭的温馨和睦，对老师来说，无疑是一份至高无上的荣誉，更是一份沉甸甸的责任。这，也是一名教师职业幸福感的源泉所在。

感谢小洋妈妈对学校的这份信任，衷心祝愿所有的孩子都能健康快乐成长，所有的家庭都能幸福美满。这，正是教育的真谛。（郑益民）

幸福有道，幸福是什么？自主、感恩、探索、携手共进……

在我漫长的教育生涯中，有一件事如璀璨星辰，镶嵌在记忆深处，散发着难以磨灭的熠熠光辉。那是一个晨曦初露的清晨，柔和的日光透过餐厅的窗棂，洒在我与郭秀立老师相对而坐的餐桌上。我们一边享受着早餐的宁静，一边随意交谈着。突然，她目光炯炯地看向我，认真问道："校长，您知晓通往幸福的道路究竟是什么吗？"这突如其来的问题，瞬间让我为之一怔，思绪仿佛被一只无形的手猛地握住。刹那间，我的脑海中如放映影片般，清晰浮现出她每日早早抵达校园的身影。不论严寒酷暑，她总是迎着第一缕晨光，步伐坚定地迈向操场。日复一日，年复一年，她在跑道上留下了无数坚实的脚印，长久以来，她坚持跑步锻炼。见此情景，当时我内心暗自思忖，对于她而言，幸福的道路或许就隐匿于这坚持不懈的跑步过程中，她收获的不仅是矫健的身姿，更是健康的体魄，这或许就是她幸福的源泉。紧接着，她嘴角上扬，脸上洋溢着抑制不住的喜悦，说道："校长，我特别想跟您分享一下我这两天的幸福，这种开心的感觉简直快把我淹没了。"我被她的情绪深深感染，好奇地询问缘由。她坐直身子，眼中闪烁着自豪的光芒，娓娓道来："我成功解决了学生之间的矛盾。那些日子，我绞尽脑汁，凭借自己的智慧和不懈努力，一步步解开了孩子们心中的疙瘩。现在，他们相处得无比融洽，课间一起嬉笑玩耍，互相帮助。看到他们这样，我心里那种成就感和幸福感，简直无法用言语形容。直到此刻，跟您讲述这件事的时候，我的内心依旧充盈着无尽的开心与快乐。"

聆听完郭老师的讲述，我陷入了深深的思索。老师的幸福，究竟该如何定义呢？这不正契合我们一直秉持的办学理念——教师在成功中体验幸福。那么，教师的成功又意味着什么？答案昭然若揭，那就是助力每一个孩子茁壮成长，见证他们在知识的海洋中遨游，在品德的塑造中完善自我，在人生的道路上稳步前行。

当有人问我期望成为什么样的校长时，我没有丝毫犹豫，内心的声音如洪钟般坚定：我渴望成为一名幸福的校长，一名拥有感知幸福、传递幸福能力的校长。为什么会有这样的期许呢？当我们在工作和生活中收获成功、取得进步与成长时，那种油然而生的喜悦，便是幸福最直观的体现，这种幸福在顺遂之时较易获得。然而，真正难能可贵的是，在遭遇失败与挫折的阴霾时，我们依然能够从困境中汲取力量，在挫折中看到希望，在成长中体会幸福。我深知，这是一种需要用心去培养、用智慧去领悟的能力。

这不仅是我个人的追求，更是我作为校长的目标。我希望，凭借自己对幸福的理解和感悟，将这份幸福的能力传递给身边的每一位师生。让每一位老师在教育中找到幸福的真谛,让每一个学生在学习中感受到幸福的滋养,进而感染整个校园,让大家都能沉浸在幸福的氛围中,共同享受教育带来的美好。

在"德"到未来的漫漫长路上,幸福学校的建设宛如一座屹立不倒、熠熠生辉的灯塔,散发着温暖而明亮的光芒,为每一位师生照亮前行的方向。它以深厚的道德底蕴为基石,精心铺就的不仅是知识传承的康庄大道,更是心灵滋养、精神成长的通幽曲径。

在这所承载着无数希望与梦想的幸福学校里,每一位教师都将师德师风融入日常教学的每一个细微之处。他们用如春风化雨般的关爱,用持之以恒的耐心,为学生们搭建起一座知识的宏伟殿堂,引导学生们在人生的十字路口,做出正确的抉择,走向光明的未来。而每一位学生,在良好品德的潜移默化熏陶下,如同茁壮成长的幼苗,在阳光雨露的滋润下,逐渐学会尊重他人,懂得感恩社会,成长为富有担当精神的栋梁之才。

我们坚定不移地相信,只要我们持续不断地深化幸福学校建设,始终以"德"为引领的旗帜,将幸福的种子细心播撒在校园的每一寸土地上,精心呵护,用心浇灌,这里必将成为师生梦想的孵化摇篮,每一个生命都将在这里绽放出最绚丽、最耀眼的光芒。让我们携手并肩,以"德"为如椽巨笔,饱蘸幸福的浓郁墨汁,共同书写学校发展的壮丽史诗。让幸福的芬芳弥漫在未来的每一分每一秒,让"德"的无穷力量,铸就我们无比美好、令人憧憬的未来。

参考文献

[1] 深刻理解习近平总书记关于教育重要论述的科学内涵［EB/OL］. (2023-09-05)［2024-06-23］. https://www.qstheory.cn/2023-09/05/c_1129846135.htm.

[2] 陈大伟. 幸福教育与理想课堂八讲［M］. 2版. 上海：华东师范大学出版社，2024.

[3] 朱永新. 我的教育理想：让生命幸福完整［M］. 桂林：漓江出版社，2024.

[4] 刘次林. 幸福教育论［M］. 北京：人民教育出版社，2003.

[5] 文东茂. 心安：幸福教育［M］. 北京：北京大学出版社，2023.

[6] 朱辉. 幸福教育的理论与实践探索［M］. 长春：世界图书出版公司长春有限公司，2021.

/ 后 记 /

以"德"为翼，奔赴未来

合上《"德"到未来》的书稿，心中既是对过往"幸福"历程的一次深情回望，更是对未来教育愿景的热忱展望。往昔的点点滴滴如潮水般涌上心头。书中所记录的每一个故事、每一次思考，都承载着我们对教育的热忱与对幸福的执着追求。似是一位历经漫长旅途的行者，终于抵达了一处满是收获的驿站。

还记得与郭秀立老师共进早餐的清晨，她关于幸福道路的提问，宛如一颗石子投入心湖，激起层层涟漪，引发了我对教师幸福与学校发展的深度思索。从那一刻起，开启了探寻幸福教育的旅程。我们在这条道路上不断摸索、实践，努力构建一所真正以幸福为基石的学校。

在"天问"里，我们踏上了幸福溯源之旅，这就如同开启一扇爱的天窗，让温暖的阳光倾洒进教育的每一个角落。它的诞生并非偶然，而是经历了一场多维度的链式反应。从对传统教育模式的反思，到对学生和教师需求的重新审视，众多因素相互交织、相互影响，最终促使我们踏上了对"幸福"内涵的求索之路。每一次的思索与研讨，都如同为幸福的拼图添上关键的一片，逐渐拼凑出一幅完整而美好的蓝图。我们深刻认识到，幸福并非遥不可及的幻影，它体现在教育过程中的每一个细微之处，是师生在共同成长中所获得的满足与愉悦，是知识传递与心灵滋养的完美融合。

在这一过程中，我们见证了无数温暖而动人的瞬间。教师们以高尚的师德师风，用爱与耐心为学生筑起知识的城堡，引导他们踏上自己的人生道路；学生们在品德的熏陶下茁壮成长，学会尊重、感恩与担当。这些美好的画面，成为幸福学校建设的生动注脚。

在"德"的引领下，我们一步步解锁幸福学校的建设密码。未来，还会不断丰富和完善幸福学校的建设内涵。持续优化课程设置，满足学生多样化的发展需求；加大教师培养力度，提升教师的专业素养与幸福指数；深化家校合作，凝聚更强大的教育力量；紧跟时代步伐，充分利用科技优势，为幸福学校的建设注入源源不断的新动力。我们坚信，只要我们齐心协力，坚守"德"的理念，就一定能够带领全体师生抵达幸福的彼岸，为师生打造一个充满爱、温暖与成长的美好家园，创造出更加辉煌灿烂的教育未来。

如今，回顾这段历程，心中满是感慨与欣慰。我们深知，幸福学校的建设并非一蹴而就，而是一场需要长期坚持的马拉松。它需要我们全体师生共同努力，不断浇灌幸福的种子，让它在校园里生根发芽、茁壮成长。

本书的完成，并非终点，而是一个全新的起点。它记录了我们过去的努力与成果，特别感谢在学校变革最艰难、最需要助力时，海淀区教委领导及戴文胜校长、马志太书记的鼎力支持；感谢张红教授一路陪伴的专业指导；感谢前任校长卢冰的包容与责任担当；感谢我们面对困难一起奔赴"幸福"路上的战友：殷晶淼、李平、郑益民、陈燕军、柏齐林、林玉、郭晓军、刘秀兰、田志方、王丽、郝敏、王军、吴万岭、金伟、赵国菁、刘心亮等。往昔的点点滴滴如潮水般涌上心头，他们给了师生前行的力量，他们为幸福学校未来的发展奠定了坚实的基础。未来我们将以"德"为指引，继续深化幸福学校建设，将幸福的理念传递给更多的人。

感谢在梳理幸福学校建设过往历程中，曾经给予帮助和支持的老师们：郭秀立、赵青芬、姜超、王丽、吴慧群、吴静、高宇栋、赵瑞芳、代晓露、唐蕊、王伟、黄春燕。

"德"到未来，幸福的回响与前行的力量。

李文
2025年1月